お産を楽しむ本

どこで産む人でも知っておきたい野性のみがき方

伝えた人 ● 助産師 **椎野まりこ**
書いた人 ● **上原有砂山**

農文協

それは心で感じたのですか？
それは頭で考えたのですか？

哺乳類なら、答えは心や体が導いてくれる。

はじめに　母子は二人で一人

有砂山（ゆさざん）　どこで、どうやって産むか？　お産は、人それぞれ、いろいろですね。

まりこ　でも、大切なことはみんな同じなのよ。

有砂山　どんなに時代が新しくなっても、
結局のところ、私たちは哺乳類だからでしょうか？

まりこ　そうなの。だから、助産院や自宅で産みたい人も、病院で産みたい人も、
自然分娩をしてみたい人も、無痛分娩を希望する人も、
帝王切開が必要な人も、
哺乳類として大切なことを知っていれば、
気持ちのいい時間をすごせるんです。

有砂山　それは、39歳で高齢初産をすることになった私に、
助産師として、まりこさんが教えてくれたこと。
「妊娠中はつらい」「お産は痛い」「産後の体はボロボロ」「おっぱいは大変」
など、どこかで聞いた話は忘れて、
まりこさんの教えをできることからしてみると、
それはそれは気持ちのいい日々が待っていました。
哺乳類はよくできていて、
妊娠・お産・産後はひとつの美しい流れを持っていますね。

まりこ　驚くほど、全部つながっている。
だから、妊娠・お産・産後に心がけることも基本は同じで、とてもシンプル。
有砂山も、私の伝えたことをコツコツ実行して、大安産、おっぱいも順調、
そして、なにより気持ちよさそうだった。
私自身、3人の子どもを産んで、その気持ちよさを知っているのに、
それでも「いいなぁ」って思うのよ。

有砂山　「産みの苦しみ」という言葉のイメージとは違って、「産みの快感」でした。
　　　　おっぱいも楽チンで、「う～ん、哺乳類だなぁ」としみじみしますね。

まりこ　あの味わいは、妊娠・お産・産後の時間だけ！　ぜひ、楽しんで。
　　　　そのために、「母子は心も体も二人でひとつ」ということを忘れないで。

有砂山　妊婦さんがのんびりと暮らしたら、
　　　　赤ちゃんもユルユルとくつろいで、
　　　　さかさまに、分刻みで生活したら、
　　　　赤ちゃんもセカセカしてしまうんでしょうか？

まりこ　そう！　別々じゃない。妊婦さんイコール赤ちゃんなの。
　　　　だから、妊娠したら、あなたという哺乳類を一度、見つめ直すことが大切！

有砂山　確かに妊婦の時間は「あなたがどんな人間か？　妊娠したらわかるよ」
　　　　と言いたくなるほど、じっと自分を見つめる時間でした。

まりこ　そう！　哺乳類として大切なことをコツコツ実行しながら、
　　　　自分をしっかり見つめて、感じてあげると、
　　　　新しい命を産むとき、自分も進化して、暮らし方、生き方が豊かになる。
　　　　だから、くれぐれも、産み方とか、産む場所にこだわらないで。
　　　　妊娠・お産・産後に筋書きはないのよ！
　　　　お産は生命の営み。大切なのは、カタチじゃなくて気持ちですよ。

自分に宿ってくれた命を大切にするには、どうしたらいいんだろう？
この気持ちをスタートに、
この本に書いてあることをできることからコツコツ実行して、
自分をていねいに見つめて、感じてみて！

妊娠・お産・産後が、とっても気持ちいい時間になりますよ。

もくじ

お産を楽しむ本
どこで産む人でも知っておきたい野性のみがき方

はじめに　母子は二人で一人 …4

妊娠……野性をみがく時間です。

「自分」という感覚をピカピカに …12

1　温める　靴下の重ねばきと野菜たっぷりお味噌汁は、赤ちゃんが喜ぶ
温かいおしゃれ …14　　ゆったり半身浴 …16　　安産のお灸 …17
おなかの赤ちゃんが喜ぶご飯は？ …18　　ご飯　8つのポイント …20

2　歩く　毎日、ぼ〜っと
心と体をほぐす歩き方 …24　　安産になる体操 …26

3　自分を感じる　インナーチャイルドに会いに行く
心と体はつながっている …30　　私の中の「子ども」 …31
私を抱きしめる一人旅 …32　　愛でる瞑想 …33　　私の「お母さん」 …34

4　季節を感じる　赤ちゃんが気持ちいい生活とは？
エアコンはほどほどに …35　　月・太陽を感じる …36

5　お産のこと　私らしく産むには？
どこでどうやって産む？　あなたを「牛」にたとえると？ …37
お産のカタチにこだわらないで！ …41　　どんな感じ？　それぞれの声 …47

6　おっぱい　哺乳類はよくできている！
安産とおっぱいに大切なことは同じ
ヒトのおっぱいは、ヒト専用 …50　　楽チンおっぱいの準備は妊娠中から …51

7 **産後の暮らし方** 古来の知恵「床上げ百日」を知っていますか？

とっても大切な「助っ人」とお布団 …53　　赤ちゃんの喜ぶおむつ …58

8 **メークラブ** 子宮の感受性が高まっているときに、最高のメークラブを

妊婦さんの気持ちいいメークラブとは？ …60

column 流産について …62

お産……自分も生まれる時間です。

夢じゃない …66

1 **温める** おなかの中から、ほこほこでジ〜ンと

確認：実行してる？ …68

2 **歩く** 赤ちゃんが自然に降りてくる魔法

臨月ハイキング …70　　予定日も歩く …71

3 **自分を感じる** まな板の上の鯉じゃないんですよ

産むのは「私」。生まれる日、生まれるところ、生まれ方を決めるのは、赤ちゃん。 …72　　なにもかも！ …73

4 **季節を感じる** 宇宙にチュー

季節が気になるのは、◎ …74

5 **お産のこと** ちょっと気になるアレコレを知っておく

臨月になったら …75　　立ち会いについて …78　　帝王切開のとき …79

6 **おっぱい**　楽チンおっぱいで、24時間営業

誕生2時間以内に吸わせる …81
赤ちゃんは3日分の水筒とお弁当を持って生まれてくる …82
約束① 泣いたら吸わせる …83　　約束② 添い寝添い乳 …84
差し入れは控えてください！ …85

7 **産後の暮らし方**　幸せを味わうには？

確認：実行してる？ …86

8 **メークラブ**　触れ合ってホッとする

臨月も、自然にやさしく …87　　予定日をすぎたら「お迎え棒」…88
産んだ直後は「無理」です …89

column　お産とアロマテラピー …90

産後……それぞれのリズムで歩き出す時間です。

100日休んで、自分らしく …94

1 **温める**　おっぱいが、おいしくなる！

確認：実行してる？ …96

2 **歩く**　のびのびゴロン

産後3ヶ月、歩くかわりにすること …97

3 **自分を感じる**　思春期ですよ！

産後の思春期 …99　　罪悪感を持たないで！ …100
社会のリズムに合わせるときは？ …101

④ **季節を感じる　赤ちゃんだってオオカミ男？**
　確認：実行してる？ …102

⑤ **お産のこと　モヤモヤはダイヤモンド**
　お産の記憶は「私のお守り」…103

⑥ **おっぱい　卒乳までおっぱい生活を楽しむ方法**
　確認：楽チンおっぱいになる生活ですか？ …104
　自分のおっぱいと赤ちゃんの様子を観察しよう …105
　乳腺炎になってしまったら …106　　月齢別よくある質問 …107
　仕事のある人へ …110　　卒乳について …112　　おっぱいと生理 …114

⑦ **産後の暮らし方　「床上げ百日」を守ると、不思議なことが……**
　くりかえし確認：実行してる？ …115

⑧ **メークラブ　愛しています。でも「哺乳中」だから!?**
　産後3ヶ月すぎても、注意すること …116　　「哺乳中」だから …117
　産後6ヶ月すぎたら …118

column　まりこさんの本棚 …119

父になる人へ
……原始のリズムに寄り添う時間です。

　父になる人へ……原始のリズムに寄り添う時間です。 …122

おわりに　私は誰だったの？ …124

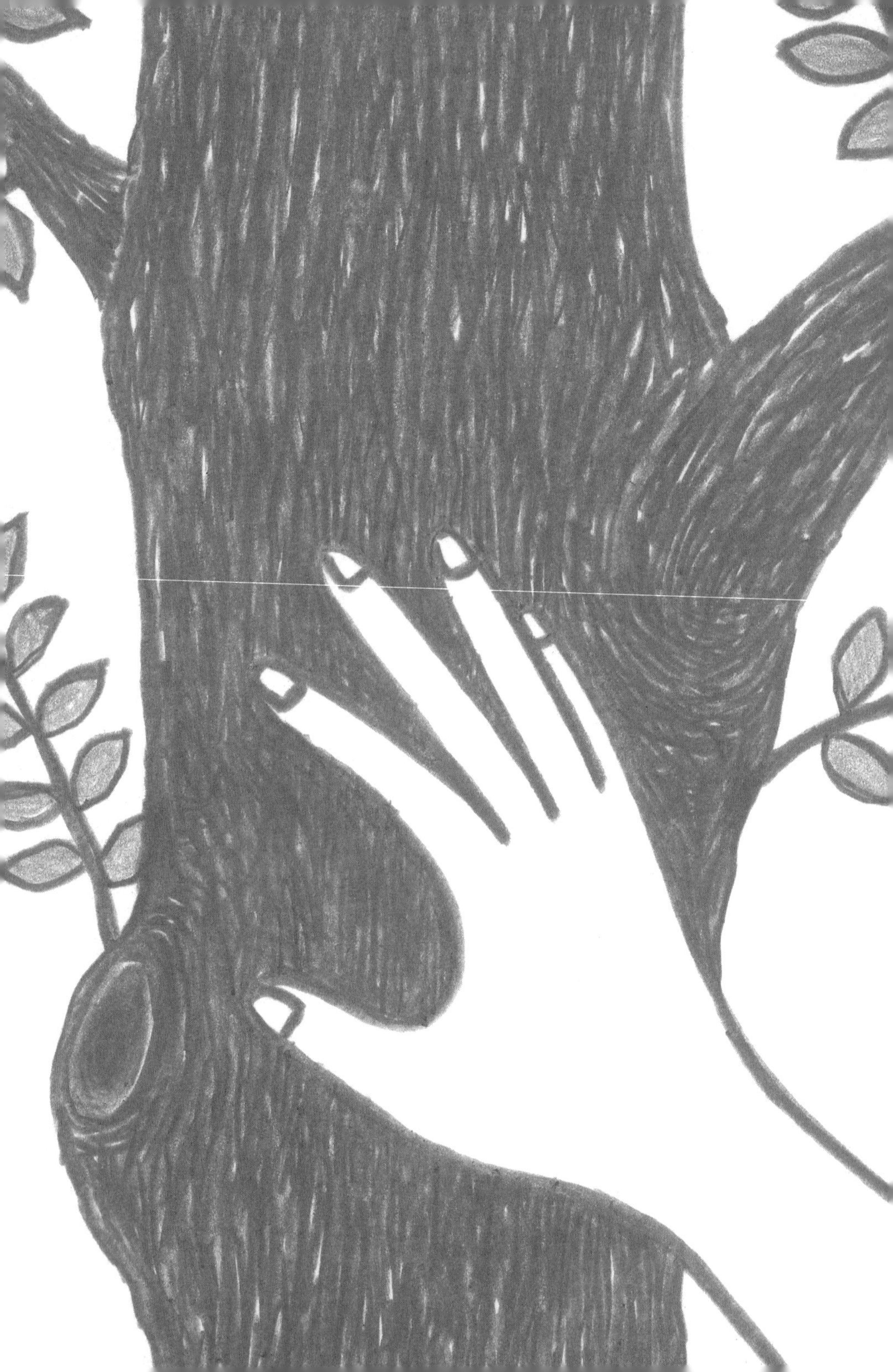

妊娠

野性をみがく時間です。

妊娠……野性をみがく時間です。

「自分」という感覚をピカピカに

有砂山　自分が「個人」であることは覚えていても、
　　　　自分が「哺乳類」であることはついつい忘れてしまう。
　　　　そんな私たち現代人にとって「野性」ってなんでしょうか？

まりこ　なにが正しいのか？　と頭で考えるのではなく、
　　　　これが答えだ！　と心で感じることが「野性」だと思うんです。

　　　　妊娠・お産・産後は、授かった命のおかげで、
　　　　「今、私は哺乳類としてどんな感覚で生きているのか？」
　　　　不思議とよくわかります。そのときを逃さずに、
　　　　毎日、空を見上げたり、体を温めたり、コツコツ歩いたりしながら、
　　　　気持ちいい？　今日はどんな感じ？　って、
　　　　自分自身にたずねてみて！
　　　　そして「心で感じた？　頭で考えた？」って聞くと、
　　　　だんだん自分の心でピンと答えを感じるようになります。
　　　　つまり、野性がピカピカにみがかれるんです。
　　　　そうすると、「自分」という感覚を信頼することができて、
　　　　世の中の情報や価値観に振りまわされずに
　　　　自分についても赤ちゃんについても、
　　　　生きものとしての答えを見つけられるのよ。

有砂山　直感で答えを出す感覚が生まれるんですね。

まりこ　そう。すると自分や赤ちゃんの心や体に
　　　　「今、大切なこと、必要なこと」がわかるようになって、
　　　　結果的にお産も母乳もトラブルが少なくなるんです。
　　　　本当に人間ってよくできているのよ。

有砂山の実感　ザ・ワイルド

妊娠するまで、妊婦さんの時間を「赤ちゃんとすごすほんわか甘い時間」だと
勝手に想像していましたが、実際は全く違うのです。
「ザ・ワイルド」とでも言うんでしょうか？
たとえるなら、サバンナのライオンがあたりの気配を全身で察知しつつ
ポカンとしている、そんなイメージがしっくりくる時間です。

都会のまん真ん中にいても、
「サバンナのライオンと同じ生きものだ」と実感する面白いときです。
野性そのものの赤ちゃんが「私」を目覚めさせてくれるのでしょうか？
私にこんな癖や感受性があったのか！　といちいち驚く。
「あなたはどんな人間か？　妊娠したらわかるよ」と言いたいくらい、
妊娠中は「赤ちゃん＝私」、とことん自分を見つめることになります。
そして不思議なことに、苦も楽も奇妙にいきいきした感じがします。

赤ちゃんは子宮という袋で育つので、母親はときに「お袋」と呼ばれたりしますが、
成長した息子に「オフクロォ」と呼ばれたら、
「それはそれは『お』までつけてもらって恐縮です」と言いたくなるような、
妊婦さんという「袋」になるのは、このうえなく面白い時間です。

野性が目覚めることで息苦しさも感じる現代ですが、
毎日、工夫して温めて、歩いて、感じていると、
野性を大切に暮らせるようになって、
お産も「産みの苦しみ」というイメージと違って「快感」になり、
おっぱいも楽チンで「哺乳類だなぁ」としみじみしますよ。

　では、実践に入りましょう！

妊娠 | 1 温める

靴下の重ねばきと野菜たっぷりお味噌汁は、赤ちゃんが喜ぶ

温かいおしゃれ

●靴下を！

有砂山　妊婦さんの子宮で赤ちゃんは暮らしていますね。
　　　　赤ちゃんが喜ぶのは、どんな世界ですか？

まりこ　夏でも冬でも、ほんわか温かい世界が大好き。
　　　　だから、おヘソから下をいつも温かくして！

妊婦さんの下半身が冷えていると、
子宮で暮らす赤ちゃんは寒くて苦しいのよ。
実は、　□顔がほてる　□手で、足を触ると冷たい
　　　　□つい、たくさん食べてしまう　□甘いものを食べすぎる
こんなことに思い当たったら、下半身が冷えています。

すぐにシルクとウールの靴下を重ねてはいて！
1枚目：シルク（吸湿性・放湿性があるため）、できれば5本指型
2枚目：ウール（保温性があるため）または綿（吸湿性があるため）が基本。
できる人は4〜5枚重ねて。

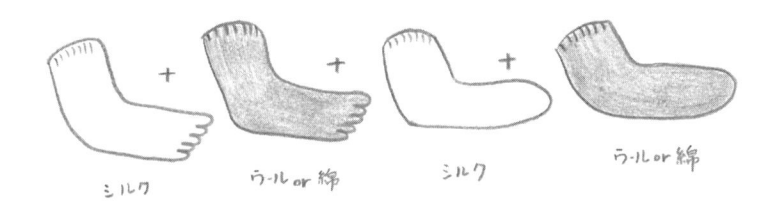

シルク　＋　ウールor綿　＋　シルク　＋　ウールor綿

寝るときもはいてほしいけど、大変ならレッグウォーマーを。
「はかなきゃ」と思わないで。
はくとどんな感じ？　って自分の声を聞くことが大切。
腹巻き（腹帯、昔ながらの「さらし」もよい）やレギンスも効果的。
ナイロンなどの化学繊維は肌がかぶれやすいから、
肌に触れる部分は天然素材に。

温めると、血のめぐりがよくなって、
妊娠中のむくみ、つり、おなかの張り、便秘、腰痛も改善するし、
体がやわらかくなって、お産のとき、赤ちゃんも出やすいし、
痛みもやわらぐ。
そして産後も、体調やおっぱいが順調になるんです。すごいでしょ！

現代は室内の温度が季節とちぐはぐだから、夏も「温かいおしゃれ」を。

●靴のヒールはペッタンコ

まりこ　妊娠中と産んでしばらくの間は、靴のヒールはペッタンコに！
　　　　高いヒールは、下腹部に力が入って子宮を圧迫し、
　　　　おなかの赤ちゃんも苦しいし、
　　　　骨盤にも負担をかけ、産後、
　　　　体調をくずしやすくなるのよ。

有砂山　本当の意味で、
　　　　自分と赤ちゃんが
　　　　輝くスタイルってなにかな？
　　　　って思うと「素足にハイヒール」
　　　　じゃなくって
　　　　「靴下にペッタンコの靴」が
　　　　カッコいいですね。

ゆったり半身浴

有砂山　お風呂の入り方は、人それぞれ、好みがありますが……。

まりこ　でも、シャワーは体の表面を温めるだけで、湯冷めをするから、
今までシャワーだった人も、
ゆったり半身浴で、体を芯から温めて！

「37～38度のお湯で20分以上が理想的」と言われます。

有砂山　20分くらいでふっと体が楽になり、
お風呂からあがってしばらくしても、ほこほこして気持ちいいですね。

まりこ　そうなの。お産のときも、半身浴をすると
リラックスするし、お産も進むんです。

産後も（産んだ直後は悪露が止まるまで、お風呂はお休み）
家族に赤ちゃんをあずけて半身浴するとホッとできる。

半身浴が苦手な人は、足湯を。
産んだ直後も足湯をすると、体が回復します。
気持ちいいと感じる温度でどうぞ。

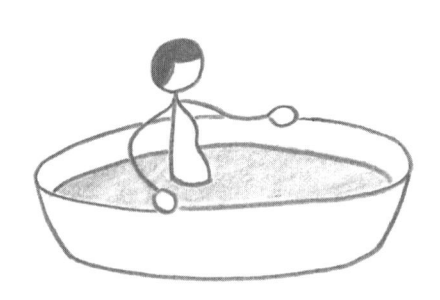

安産のお灸

まりこ　妊娠5ヶ月目、胎動が始まったら、毎日、安産のツボにお灸をして！

　　　　むくみ、つり、おなかの張りや逆子が直ったり、お産が軽くなるんです。
　　　　手術が必要なときも、術後の回復がいい。
　　　　コツコツ実行すると、心も体も必ず答えを出すんですよ！

有砂山　安産のツボは足だから一人でできるし、「アチチッ」というイメージと違い、
　　　　ツボに深くじんわりとエネルギーが入って元気になります。

[用意するもの]　シールのお灸（薬局で売っています）、ライター、水をはった小皿

[方法]　注意：**胎盤が安定する妊娠5ヶ月目、胎動が始まってから行う。**
　　　　　　　お風呂の前後30分は避ける。

1. 「三陰交（内くるぶしから指幅4本分上）」にマジックや色鉛筆で印をつける。
2. ライターでお灸に先に火をつけ、ツボに置く。
3. 熱くなったらお灸をとり、水をはった小皿に入れ、火を消す。

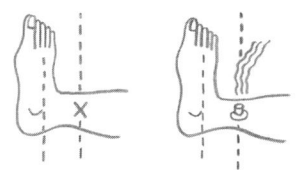

1回のお灸にかかる時間は、およそ1分から2分。
「熱い」と感じるタイミングは日によってかわります。

[回数]　■妊娠5・6ヶ月目：毎日、1回
　　　　■妊娠7・8ヶ月目：毎日、連続2回
　　　　■妊娠9・10ヶ月目：毎日、連続3回

おなかの赤ちゃんが喜ぶご飯は？

まりこ　体を温めるご飯は、赤ちゃんも自分も幸せ！

有砂山　と言われても、妊婦さんのときはピンとこないんですが、
産むと「なるほど！」とわかりますね。
おっぱいも赤ちゃんもドキッとするくらい正直者なので。

まりこ　そうなの。「おっぱいの調子や赤ちゃんのご機嫌がよくない！」って、
私のところに相談にくる人は、みんな、体を冷やすものを食べています。
妊娠中も冷やすと調子が悪くなるのに、見えないから……。
産むと実感するので、妊娠２回目の人のほうが、食事に真面目。
でも、やっぱり１人目から赤ちゃんの喜ぶ、温かいご飯を！
まず、「ご飯　８つのポイント」(20ページ)を実行して。

母体や赤ちゃんに心地よいのは
穀物：野菜・芋類・海草類：魚（肉）
の割合が５：２：１。
体を冷やす作用のあるもの、
高カロリー食、たとえば、
砂糖、お肉・卵・乳製品、
生の果物は食べすぎないで！

東洋医学でいう「血」や「気」のめぐりを悪くして内臓を圧迫するので
お母さんや赤ちゃんの体に負担をかけます。

ちなみにおっぱいは血液。血は入れ替わるのに数ヶ月かかるでしょ？
だから、産後に「おっぱいにいいご飯」なんて言っても、
最初のおっぱいに間に合わないのよ。
夏でも冬でも、おなかの赤ちゃんが喜ぶのは
温かい番茶や野菜たっぷりのお味噌汁。

真夏に冷たいものをグビグビ飲んで「赤ちゃんもひんやり気持ちいいよね」
なんて思ったら、とんでもない勘違いですよ。

それから、赤ちゃんは化学物質や人工的に精製されたもの、刺激物が苦手。
お菓子、レトルト食品、お弁当、調味料を買うときは
下記の✘印のような添加物や精製された塩や砂糖を使っていないか、
原材料をよく見て！

```
✘保存料（例：ソルビン酸k、安息香酸Na）
✘着色料（例：赤色○号）
✘甘味料（例：サッカリン）            ➡ ◎ 入っていない
✘発色剤（例：亜硝酸ナトリウム）              ほうがおいしい！
✘防カビ剤（例：OPP、TBZ、イマザリル）
✘精製塩  ✘上白糖  ……  ➡ ◎ 自然塩、甜菜糖など。
                             自然の風味は、おいしい！
✘カフェイン  ✘アルコール……  ➡  妊娠中、授乳中は、お休み
◎……次のページも見てください！
```

「✘ばっかり……」って思わずに、シンプルな本物のおいしさを楽しんで。
野菜も、国産で、無農薬やオーガニックなら◎、味も栄養も違いますよ。
赤ちゃんの一生を左右する体を養うときを大切に。

有砂山　自然の力を感じる材料で、
　　　　まりこさんに教わった「陰陽調和料理（いんやんちょうわりょうり）」のお味噌汁をつくったら、
　　　　「人生最後のご飯でもいい」と思うくらい、おいしかった！
　　　　赤ん坊も自分も地球の一部だなぁ。
　　　　野菜が自分たちの体になるのを感じました。妊婦だったせいでしょうか？

まりこ　きっと、そうよ！　妊婦さんは、食べるときも感受性が高まるから。
　　　　どんな感じ？　って、自分にたずねながら
　　　　赤ちゃんの喜ぶご飯を食べてみて。

ご飯　8つのポイント

有砂山　「できそう！」と思ったことから始めると気が楽ですよ。

1　主食はお米！　パンはお楽しみ程度に

まりこ　お米は消化吸収しやすく、赤ちゃんに安定して栄養を供給したり、
　　　　お産でパワーを出したり、乳腺炎の予防に最高。
　　　　1日2回は炊きたてを。
　　　　小麦は体を冷やす性質があるので、パンは時々に。
　　　　[選び方]
　　　　● 国産（無農薬、減農薬、オーガニック）の分づき米、玄米（玄米が好きな人はよく噛んで）

2　冷たい飲みもの、カフェインは避けて白湯、三年番茶、ハーブティ

まりこ　冷たいものを飲むと、消化力が落ち、体を冷やします。清涼飲料水もNG。
　　　　カフェインの刺激は赤ちゃんが苦しむから、
　　　　緑茶・紅茶・コーヒーはおっぱい卒業までお休み。
　　　　[選び方]
　　　　● 白湯、常温の水（ミネラルウォーター、浄水器や炭で濾過した水）
　　　　● 三年番茶（赤ちゃんも大好き）
　　　　● ハーブティ（おすすめはラズベリーリーフ、お産が軽くなり、母乳にもよいハーブです）
　　　　● 穀物コーヒー　● 味噌汁（しゃっきりしたいときに、おすすめ）

3　体を冷やす生野菜は控えめに！　温野菜が基本

まりこ　葉酸や鉄分を補給でき、滋養に富むので、旬の野菜を毎日たっぷりと。
　　　　生は胃を冷やすのでほどほどに。
　　　　味噌汁、煮物、温野菜を、陰陽調和料理（23ページ）でどうぞ！

　　　　　　　　　　　　　　　＊「まりこさんの本棚」（119ページ）参照

4　油や肉、乳製品は、食べすぎると体をかたくします

まりこ　妊婦さんは全身の筋肉を使って産むため、
　　　　授乳中の人はやわらかいおっぱいのため、体がかたくなるのはNG。
　　　　油・肉・乳製品は内臓の負担が重く、とりすぎるとかたい筋肉に。
　　　　動物性タンパク質は野菜の半分の量で十分。良質なものを。

5　添加物、精製塩・上白糖は避けて、本物の調味料、食材を

まりこ　食材の基本は国産（無農薬、オーガニックなら◎）、遺伝子組み換えなし。
味噌・醤油・酢は長期熟成が○。ミネラルが除かれた精製塩・上白糖は×。
添加物も×（19ページ）。本物は体の力になるし、とってもおいしいですよ！

[選び方]
- 味噌　原料：大豆、米（豆、麦）、麹、自然塩　製法：1年以上熟成
- 醤油　原料：大豆、小麦、自然塩　製法：天然醸造法、1年以上熟成
- 米酢　原料：米のみ
- 自然塩　原料：海水　製法：天日または平釜
- 甜菜糖、メープルシロップなど（ただし料理には使わない。時々、おやつに）

6　15時頃に食べるおやつでリラックス

まりこ　甘いものをとると脳がリラックスし体の緊張もやわらぎます。
適量なら15時のおやつは有効。
生の果物はとりすぎると体を冷やすのでお楽しみ程度に。

＊「まりこさんの本棚」（119ページ）参照

[選び方]
- ドライフルーツ（添加物に注意）　●焼き芋、干し芋　●果物のコンポート
- マクロビオティック（砂糖、卵、乳製品不使用）のクッキー、ケーキなど
- 甜菜糖、メープルシロップを使ったクッキー、ケーキなど（黒糖は体を冷やすので夏だけ）

7　朝・昼・夜きちんと食べよう

まりこ　赤ちゃんに持続的に栄養をおくるため、おっぱいを持続的につくるため、
その日の体調で食欲が変わっても、基本は「3食、朝・昼・夜」を忘れずに。

8　よく噛んでゆっくり食べよう

まりこ　よく噛んで唾液を出さないとしっかり消化できないし、
ガツガツ急ぐと気持ちがすさみます。
妊婦さんには心の余裕が大切。食べものに感謝してゆっくり食べて。

●そして……妊婦さんは、とくに気をつけて、**毎日、排便しよう**

まりこ　便秘は体が冷えているサイン。安産から遠い状態です。便秘解消のために
すりごま、きんぴらごぼう、海苔、小豆の塩ゆで（あんこは×）などをどうぞ。

注意事項！

頭で、食べない

「食べなきゃ」「食べちゃいけない」と思わない。
食べるとどんな感じ？　食べないとどんな感じ？
自分の感覚を楽しんで。

ハメをはずすときは、罪悪感を持たない

「控えるべきメニューを無性に食べたい！」そんなときは、たまにハメをはずして。
罪悪感を持たずに「甘〜いケーキ」「ジュウジュウのお肉」をどうぞ。
ただし添加物は×ですよ。

スナック菓子やカップラーメンを「どうしても！」という人は、
自然食品店に行ってみて。
添加物の入っていないスナック菓子やカップ麺があります。でも、ほどほどに！

家族のニーズには応える

「赤ちゃんの喜ぶご飯」は、誰にもよい食事ですが、
夫や上の子どもの
「鶏の唐揚げ、たっぷり食べたい！」といったニーズには応えて。

■ 妊娠中、授乳中に大切な「血」や「気」のめぐりをよくする食べもの
　黒豆、レモン、レーズン、よもぎ、ゆりの花（金針菜）、麻の実、クコの実
■ 妊娠中、授乳中に控えたい食べもの
　牛乳、ヨーグルト、バター、チーズ、油、上白糖、添加物（19ページ）、
　上記のものを含む和洋菓子、スナック菓子、もち類、果物、清涼飲料水、コーヒー
■ もちろん、お酒、タバコは禁止！

陰陽調和料理のレシピ
　　　いんやんちょうわ りょうり

遠い昔から、すべてのものには「陰」と「陽」があるという考えがありますね。
赤ちゃんの喜ぶご飯は、陰と陽のバランスがとれた「中庸」です。
　　　　　　　　　　　　　　　　　　　　　　　　ちゅうよう
食材を中庸にする調理法「陰陽調和料理」は、野菜を切って鍋で煮るだけ。
「重ね煮」と呼ばれ、とっても簡単。
とくに野菜たっぷりのお味噌汁は、重ね煮のおいしさを実感できますよ。

魚 介
穀 物
根 菜　　　陽 ↑
芋 類
葉菜・果菜　　↓ 陰
きのこ・海草

- お鍋の中に、
  下＝「陰」上＝「陽」の食材を入れて煮る。
- 野菜の皮むき、アク抜きはしない。
- 昔ながらの醸造法の調味料＋自然塩。
  野菜のうまみをいかし、
  基本的に砂糖・みりん・酒・だしは使わない。

野菜の味噌汁　材料4～5人分　下から上へ重ねる

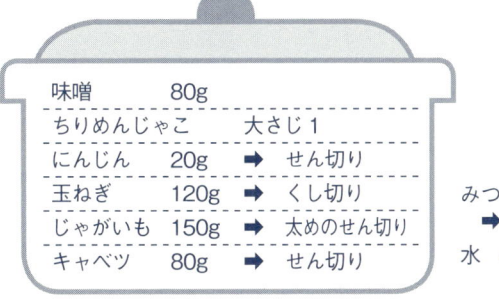

味噌	80g		
ちりめんじゃこ	大さじ1		
にんじん	20g	➡	せん切り
玉ねぎ	120g	➡	くし切り
じゃがいも	150g	➡	太めのせん切り
キャベツ	80g	➡	せん切り

みつば　3本
　➡　2cmの長さに切る
水　4カップ

1. 図のように鍋に材料を重ね、水2カップを加え、ふたをして中火にかける。
2. 煮立ってよい香りがしてきたら弱火にし、野菜がやわらかくなるまで煮る。
3. 残りの水を加え、かき混ぜて味をととのえ、煮立ったところへみつばを散らす。

［参考文献］『梅﨑和子の陰陽重ね煮クッキング』（梅﨑和子、農文協、2002）

妊娠 ② 歩く

毎日、ぼ～っと

心と体をほぐす歩き方

有砂山　野性をみがく歩き方は「心と体をほぐすこと」を目的にしていますね。

まりこ　つまり「体を鍛えるため」ではないので、
　　　　カロリーの消費量も距離も速さも気にしません。

　　　　歩き終わる頃、心と体がひとつにつながったように感じるのが目標。

　　　　たっぷり歩くと、体のゆがみもとれ、温まるので、
　　　　妊娠中・お産・産後のトラブルが少なくなるんです。
　　　　次のページで紹介しているポイントを参考に、

　　　　毎日1～2時間、ぼ～っと歩いて。

　　　　極めると、赤ちゃんや自然との一体感が味わえますよ。

有砂山　30分ほどで「体のココがかたいな」「アレコレ考えると頭が休まらないな」
　　　　などと、その日の自分の問題が浮かび上がります。
　　　　そのまま、ぼ～っと歩くと、いつのまにか足のつけねが楽になって
　　　　心はポカン、体はフワッとします。これで、だいたい1時間ぐらい。
　　　　さらに歩くと、今度は自分の感覚が見えてきます。
　　　　「昔、こんなことを感じていたな」「こんな匂いが好きだな」というように。
　　　　その感覚もさらに歩くといつしか遠のき「ごちそうさま！」という気分に。
　　　　これで、だいたい2時間ぐらいです。

[方法]

1. **セカセカ、ガシガシではなく、ぼ〜っと歩く。**

    「ぼ〜っ」は、心も体も。
    風景も「じ〜っ」と見ないで
    自分が眺めに溶け込むような感じで、
    一歩に2〜3秒かけるつもりで歩きます。

2. **時間は最低でも1時間。**

    1時間以上歩くと、自分の奥深くにある感覚が呼び起こされます。
    30分だと、自分をじっくり感じるには、物足りないはず。

3. **荷物は少なく、理想は手ぶら。**

    荷物があると、心も体も荷物の重みや量に力を奪われてしまいます。
    両手をおなかにあて、赤ちゃんを感じて!

4. **目的を持たずに、一人で歩く。**

    「買い物」「○○駅まで」といった目的があったり、夫や友達と一緒だと、
    「目的」や「人」に気を使い、自分や赤ちゃんを感じたり、
    風景に溶け込むような感覚を味わうことがむずかしくなります。
    家族がいても、10メートルほど離れ、忍者のように気配を消してもらいましょう。

続けるためのコツは……

1. **気持ちいい場所で**:どこでも「ぼ〜っ」とは歩けないので、
   気持ちのいい公園に到着してから始めるのもおすすめ。
2. **家の中でも**:(ランニングマシンはNG)
   6畳間でも、好きな音楽を流してユルユル歩くと1時間があっという間。
   仕事で外ではぼ〜っと歩けない日、外に出たくない日、雨の日、夜などに。
3. **素足を楽しむ**:芝生や砂浜はぜひ素足で。そのときの光と陰さえも
   足の裏から伝わり、野性的な気分に! 休日に、どうぞ。

[指導協力] 整体師 髙橋秀和さん

安産になる体操（妊娠5ヶ月目から）

有砂山　体操もコツコツ続けると、自分の感覚がよくわかりますね。

まりこ　お灸と同じで、真面目にすると、心と体がちゃんと答えを出します。
　　　　妊娠5ヶ月目、16週、胎盤ができあがったときからお産の当日まで、
　　　　毎日実行して！
　　　　ゆっくり動くとやわらかい筋肉になって、気持ちよく産めますよ。

●まず……足を組む癖のある人は、その習慣を終わりにしましょう。
足を組むと、骨盤もゆがみやすくなるし、赤ちゃんのいる子宮にも負担をかけます。

●骨盤まわし
［方法］
左右10回ずつ、大きくまわしましょう。

なぜ、するの？

骨盤のゆがみをとりながら、冷えをとり、
血行をよくします。
骨盤が前後左右、左まわり右まわり、
すべてスムーズに動くと、
子どもを産むときも、体の内側がひろがり、
赤ちゃんが圧迫されずにすっと出てきます。
逆に、骨盤の動きが悪いと、
赤ちゃんがなかなか出てこない原因につながります。
似たような体型で似たような体調の人でも、
骨盤の動きの善し悪しで、
お産の状況がガラリとかわります。
「なめらかに動く骨盤」で、安産に！

● **スクワット**

[方法]
10秒かけており、10秒かけてあがります。
速く動くと筋肉がかたくなるので、ゆっくり。
最初は1日10回。
出産までに朝晩30回ずつできるように。
背中を丸めたり、逆にそらしすぎて
お尻が出っ張らないように気をつけて。
むずかしいときは、壁や窓で体を支えて。
慣れたら、上半身も同時に、窓を拭くように
両腕を大きく上下に動かします。
「窓ガラスに雑巾をかけながら！」もおすすめ。

なぜ、するの？

赤ちゃんが生まれるときに大切な場所、
骨盤底筋をのばしひろげ、やわらかくします。
会陰もやわらかくなり、
股関節の動く範囲もひろがるので、気持ちよく産めます。
筋肉を鍛えるためではありません。
背骨と骨盤はつながっているので、上半身の動きを組み合わせると、
赤ちゃんが生まれるときに通る骨盤の周囲がしっかりゆるみ、
より効果的です。

● **骨盤歩き**

[方法]
座ったまま、お尻を使って前後に動きます（ボールを太ももにはさんでもよい）。
「10歩前に進み、10歩後ろに下がる」が1セット。10セットします。
回数だけでなく、お尻で歩いたコースが曲がっていないか？
部屋の床の木目や模様などを利用してチェックして。
体にゆがみがあると、曲がって進む傾向があります。

なぜ、するの？

インナーマッスルを整えながら、体のゆがみを確かめます。

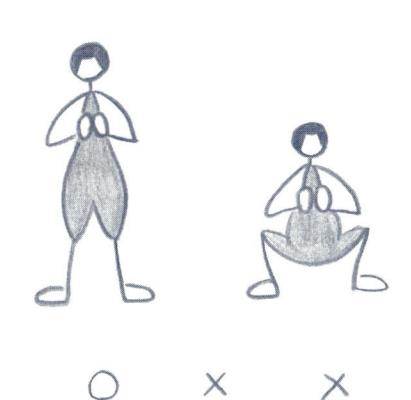

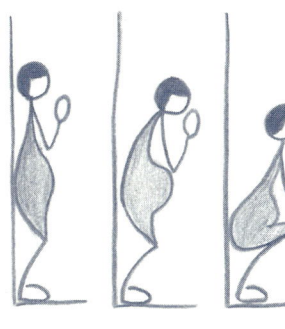

●足8の字
[方法]
片足で立ち、浮かしたほうの足で8の字を描きます。最初は壁や柱などにつかまって、左右10回ずつ。バランスがとれるようになったら、左右10回ずつを2セット。

なぜ、するの？

おなかの血行がよくなり、
赤ちゃんが喜びます。
また、太もものつけね（鼠蹊部）の
インナーマッスルが整い、
股関節の動く範囲が
ひろがります。

●階段昇降
[方法]
駅やデパートへ行ったときは、エスカレーターを使わず、
階段で昇り降りしましょう。
とくに妊娠後期におすすめです。

なぜ、するの？

血行がよくなるので、妊娠後期は、
赤ちゃんがスムーズに生まれるお手伝いに！
ぜひ、臨月でも楽々と階段昇降のできる
「軽い体の妊婦さん」に精神的にも肉体的にもなって。
「自分で産む力」につながりますよ。

●内もも踏み（誰かに手伝ってもらいながら）
[方法]
寝転んで、左右の内ももをひざ上から
太もものつけねにむかって
誰かの足でしっかり踏んでもらいます。
体が冷えていると痛みを感じます。
体がぽかぽかと温かくなるまで踏んでもらいましょう。
寝る前にするのが、おすすめ。

なぜ、するの？

ひざ上の内側にあるツボ
「血海（けっかい）」を温め、
リンパの流れをよくします。
また、子宮も温まります。
恥骨痛、腰痛の予防にもなります。

●四つ足動物のマネ
[方法]
床に四つんばいになり、四つ足動物になったつもりでひょこひょこ動きましょう。
たとえば犬。犬のお産は軽く、安産の象徴です。マネしてみましょう。

なぜ、するの？

子宮のスペースに力が入らないので、
赤ちゃんがリラックスできます。
おっぱいの筋肉も解放されて
やわらかくなり、
赤ちゃんが生まれたとき、
吸いやすくなります。

妊娠 ③ 自分を感じる

インナーチャイルドに会いに行く

心と体はつながっている

有砂山　妊娠すると「心と体はつながっている」という事実にハッとしますね。

まりこ　そうなのよ。
　　　　ホッとした瞬間、赤ちゃんがスッと動いたり、体が軽くなったり。
　　　　ときには、緊張や不安で体が温まらなかったり、お産が進まなかったりする。

　　　　赤ちゃんが教えてくれるから、感じて。

　　　　仕事のある人が産休に入った途端に熱を出すことがあるのも、
　　　　心と一緒に体がホッとして、
　　　　それまで出せなかったものが外に出た証拠なんです。

有砂山　「ホッとしたら、涙が出た」みたいな感覚ですね。

まりこ　そうそう。それで涙を流すとスッキリするでしょ？
　　　　もちろん、必要に応じて専門家の治療やお薬で処置することも大切。
　　　　でも同時に心と体のつながりを感じると、
　　　　不調を「心と体のメッセージ」として、ていねいに受けとめられる。
　　　　そうすると、お産も赤ちゃんの様子も、
　　　　自分の体調やおっぱいの調子も、心と体のリズムとして感じられるのよ。

　　　　心と向き合うと、体も変化する。それが人間。
　　　　妊娠すると哺乳類として感受性が高まるから、
　　　　その貴重なときを見逃さないで。

私の中の「子ども」

まりこ 「母子は二人で一人」のときに、インナーチャイルドに会ってみて！

インナーチャイルドとは、自分の中にいる、心の傷を抱えたままの幼い自分。
子ども時代の心の傷を、誰しもたいてい気にしないで生きている。
でも、物事の感じ方や体の動かし方の癖として影響していたりするんです。

だから妊娠中や産後に「あのとき○○してほしかった」という感情を
解放すると心も体も楽になって、不調が改善したり、
お産や育児におおらかになれるのよ。
有砂山は、どうだった？

有砂山 産後、真夜中の布団の中で、生後8日目から粉ミルクだった赤ちゃんの
私と対面、ポロポロ流れる涙がおっぱいみたいだなぁと思いながら、
「もっとおっぱい飲みたかったよ」「飲みたかったね」と一人二役。
現実の世界では、一度も誰にも言わなかった言葉です。

グビグビおっぱいを吸う息子に「いいなぁ」と言いつつ、
私自身が自分の悲しみを放ったらかしにしていたなぁ、
自分で自分を受けとめるって新鮮だなぁ、と思いました。
悲しみは消えないけれど、ふっと肩が軽くなったような……。
気のせいかなぁ？

インナーチャイルドに会う方法
1. 一人になって、目を閉じて深呼吸しながら、世界をイメージする。
2. イメージの世界に幼い自分を見つけたら、一緒に遊びながら観察する。
3. 幼い自分の声を聞き、気持ちを察して、
「あのときは○○してほしかったんだよね」などと声をかけ、想いを受けとめる。
4. 一度会った子どもには「また来るね」と伝えて、何度も会う。

私を抱きしめる一人旅

まりこ 「自分を見つめるのは、むずかしい」と思うときは、ぜひ一人旅をして。
数時間でもいい！

夫も子どもも友だちもいない。電話もとらず、仕事も用事もしない。
「さぁ、私の好きなように！」と試す。

そうすると「自分の食べたいもの」を選ぶのさえ戸惑うこともある。
「みんなで食べられるもの」「子どもの体にいいもの」「経済的なもの」など、
いつもの基準が、自分にとってどんな大きさか？　重さか？　気づくのよ。
そして、いつもの基準がないと、どんな感じなのか？
喜びでも戸惑いでも、正直に感じて。

有砂山 自分で自分に遠慮する必要はないんですね。

まりこ そうよ。
スッキリしたりホッとするような「よい感じ」は気楽に認められても、
怒りがおさまらないとか落ち込むといった「モヤモヤした感じ」に
罪悪感や劣等感を覚えることもあるかもしれないけれど、
「よい感じ」「モヤモヤした感じ」に優劣はないんです。
心も宇宙で、光も闇もあるのが自然でしょ？
だから、「私」の感情をまるごと抱きしめてあげて！

そして、自分の気持ちに従うとどう？　無理をするとどう？　って、
自分で自分を感じると、
だんだん自分という「感覚」を信頼できるようになって、
お産が気持ちのいい時間になるんです。

そして、生きている時間そのものが豊かになるのよ！

愛でる瞑想

有砂山　じんわりと心に向き合いたいときには、「愛でる瞑想」ですね。

まりこ　そうね。
　　　　　妊婦さん同士で「愛でる瞑想」をすると、力が抜けて涙を流す人もいる。

　　　　　無条件に、
　　　　　ただただ静かに愛でてもらうと、
　　　　　心の底にある感情があふれるのよ。

　　　　　そして、愛でられると、不思議なくらい産む力になるんです！

[方法]
1. 妊婦さん同士、夫婦など、二人一組で〈愛でる人〉〈愛でられる人〉になる。
2. 向き合って、目を閉じる。
3. 〈愛でる人〉　心の中で「あなたなら大丈夫！」と、相手をただただ愛でる。
　　　　　　　（相手を「癒そう」とか、なにかエネルギーを送ろうとしない。）
　　〈愛でられる人〉　心の中で、相手の気持ちをじっと受け取る。
4. しばらくしたら、目を開けて
　　〈愛でる人〉、〈愛でられる人〉を交代する。

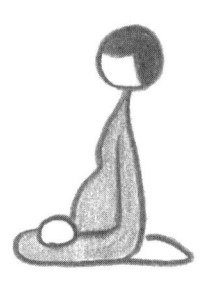

私の「お母さん」

有砂山　妊娠して、哺乳類として日々、変化する自分をリアルに感じるとき、
　　　　どうしたらいいんだろう？　って戸惑うことがありますね。

まりこ　妊婦さんの日々の「？」について、
　　　　かつては、哺乳類としての大先輩、おばあちゃんやお母さんが答えてくれた。

　　　　でも、今は「先輩」が身近にいなかったり、
　　　　お産に対する考え方が違うせいで、心を通わせられないこともある。

　　　　そんなときは、肉親にこだわらないで！

有砂山　実母がすべてじゃないんですね。精神的な「お母さん」は何人いてもいい。

　　　　お産は一人っきりでは迎えられない。
　　　　「私は人と群れるのは苦手」と感じるタイプの人も、お産だけは例外ですね。

まりこ　そうそう。だから、「お母さん」が必要なの。

　　　　助産師、鍼灸師、ヨガの先生など、
　　　　お産に詳しい専門家が「お母さん」になることもあるし、
　　　　お産の講座で考え方が共通する人と出会うこともありますよ。

妊娠 ④ 季節を感じる

赤ちゃんが気持ちいい生活とは？

エアコンはほどほどに

有砂山　子どもが生まれるのは、どんな日か？
　　　　命を感じると季節が気になりますね。

まりこ　でも、今日がどんな日なのか、現代は空調設備がありすぎて、
　　　　一歩、部屋の中に入るとわからない……。
　　　　こんな生活は、不自然よね。

　　　　妊娠したら、不自然から遠ざかってほしい。

　　　　だから、夏でも冬でもエアコンはほどほどに。
　　　　部屋の中でも、その日の気温や天気を心と体で感じながら
　　　　野性をみがきましょう。

　　　　実は、そのほうが赤ちゃんも自分も、気持ちいいのよ！

　　　　赤ちゃんは野性に満ちた生きもの。
　　　　だから、季節を感じる暮らしをすると、ご機嫌がいい。
　　　　赤ちゃんの機嫌がいいと、お世話する大人も楽チン。いいでしょう？

有砂山　まさか？　と思う人もいるかもしれないけれど、
　　　　エアコンに頼りすぎない生活は、なぜか疲れにくく、
　　　　体も丈夫になります。
　　　　そして、
　　　　哺乳類として自分の生息地の風土を味わう！　そんな気分になってきます。

月・太陽を感じる

有砂山　今日はどんな感じ？　自分を見つめるように空を見る。それも、野性ですね。

まりこ　古今東西、人類は月や太陽を感じながら生きてきたでしょ？
赤ちゃんも、ちゃんと感じています！
だから、大人も月や太陽を忘れないで。

空を見ながら、我が子の誕生を待つのは楽しいですよ。

●試してみよう 1　朝晩、空を眺める
☐ 朝晩、空を見上げ、太陽の光、月のカタチを感じる。
☐ めぐる惑星の中で自分が生きていることを想う。
気持ちがスッとしますよ。

●試してみよう 2　太陽のめぐりがわかるカレンダーを使う
☐ 太陽のめぐりを示した二十四節気(にじゅうしせっき)を意識する。
とくに立春、立夏、立秋、立冬を意識すると、
体調の変わり目が季節の節目と重なっている場合がありますよ。

●試してみよう 3　月のめぐりがわかるカレンダーを使う
☐ 新月、満月など月の満ち欠けを意識する。
自然に寄り添う生きものの知恵ですよ。

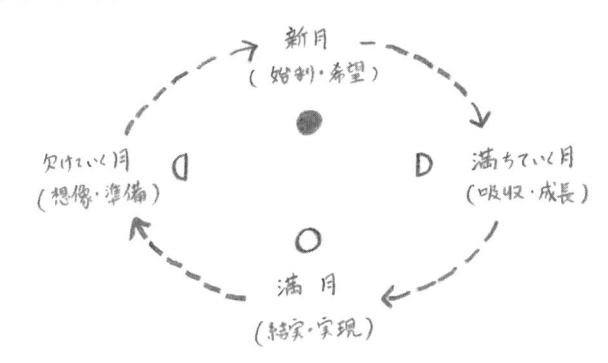

```
              新月
            (始まり・希望)
      ↗              ↘
欠けていく月          満ちていく月
(想像・準備)          (吸収・成長)
      ↖              ↙
             満 月
           (結実・実現)
```

妊娠 **5** お産のこと

私らしく産むには？

どこでどうやって産む？
あなたを「牛」にたとえると？

まりこ 「乳牛」のお産にたとえると、「自分の産む力」が見えてくるんですよ。

「普通の乳牛」のお産は、
牛舎の中で獣医さんが「よいしょ」って子牛をひっぱり出すでしょ？

でもね、自然放牧の酪農家のお話によると、
野山を歩いて、自然の草を食べている乳牛は、森へ行って自分で産んで、
子牛を連れてトコトコ帰ってくる。
このような体質と気質になるには、
「普通の乳牛」が暮らしを変えて、3世代かかるそうです。

牛舎の中で動けずに言われるがまま人工的に配合された餌を食べていたら、
子牛を人間にひっぱってもらわなきゃ産めない牛になり、
ひっぱってもらわずに自分の力ですっと産む本来の姿に戻るには、
時間をかけて生き方を変える必要がある。

人間だって同じです。たとえば、
自分がどんな感覚で生きているか、あまり気にせずに生きてきた人、
違和感なくファストフードを食べてきた人、
無理矢理デスクワークをしてきた人などは、
「牛舎の中で、ほとんど動かずに人工飼料を食べている牛」です。

そういう人が妊娠して、
「今日から生活も意識も変えます！」と宣言しても、
お産までに「森で産む」心や体になるのは、ちょっとむずかしい。

有砂山　産む人には十月十日というタイムリミットがあるからでしょうか？

まりこ　そうなの。だから、そこは、自分の現実を見てほしい。

子どもを宿したら、頭を使わず、感じるままに体を動かし、五感で暮らす。
それで、哺乳類らしい、気持ちいいお産ができる。

でも、現代はみんながみんな、
「森で産む牛」のように生きているわけじゃない。
今も昔も「産む直前まで働いた」という人がたくさんいるけれど、
雇用規則でデスクワークする人と、畑や店で家族と共に体を動かす人とでは、
五感の使い方の哺乳類らしさが違うでしょ？

だから、もし「妊婦のデスクワーク」という哺乳類らしくない道を選んだら、
「なんでも対応できる医療機関を選ぶ」という考え方も大切です。
野性から遠ざかった現代の哺乳類である自分の現実を受けとめてほしい。

それでも「森で産む」っていいなぁ！　と思ったら、
あせらず、次のお産、次の世代のために、自分を温めて、歩いて、感じて。

一歩一歩進む。牛だって３世代かかるのよ！

「森で産む」体質や気質を目指していたら、たとえ帝王切開になっても、
術後の経過やおっぱいが順調になるはずで、体はちゃんと答えを出す。

一方、この現代でも、哺乳類らしいお産をする人もいる。

医療者が静かに見守る中、初産なのに、なにも教えなくても、
自分で体をすっと丸め、ウ〜ウ〜って深く息をしながらツルンッと産める。
そんな人を乳牛にたとえるなら「森で産む牛」ですね。

都会で暮らしていても、
「よく歩き、自然の力を感じるご飯を食べ、自分の感覚と向き合っている」
という人は、
「森で産む」気持ちを大切にして。

病院に限らず、医療機関との連携がしっかりした助産院、
医療者の立ち会いのもと、昔のように自宅で産むのも、いいものですよ。

有砂山　子どもを産んだ部屋でそのままゴロンと家族初めての川の字寝！
　　　　忘れられません。

まりこ　そう。いつもの暮らしの中で産むって、味わい深いでしょ？
　　　　ただね、家族の反対を押し切ってまで、助産院や自宅を選ぶ必要はないのよ。

　　　　体質や気質が「森に行って産める」人でも、
　　　　血液型Rh（−）、双子などの理由があるなら病院で産むことになるわけで、
　　　　そういうときも「私の産む力を大切にしたい」という気持ちさえあれば、
　　　　哺乳類らしいお産にできる。
　　　　「場所」にこだわりすぎないで。

有砂山　自分は、森と牛舎、どっちに近い「牛」か？
　　　　自分の心で感じてみるといいんですね。

まりこ　そうなの。
　　　　お産は野性のできごとだから、頭で考えるとうまくいかないんです。
　　　　次の「お産のカタチにこだわらないで！」もヒントにしてみて。

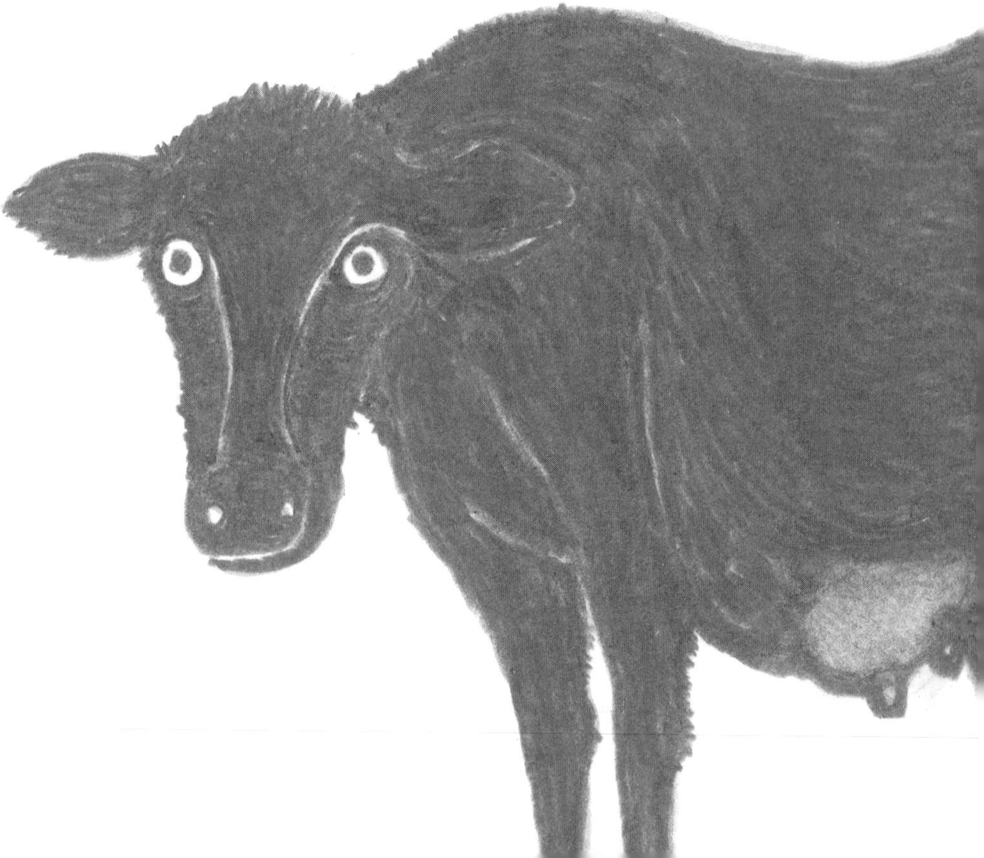

お産のカタチにこだわらないで!

●大切なのは、カタチじゃなくて気持ち

有砂山　産む場所や産み方を悩む妊婦さんに、
　　　　まりこさんは「カタチじゃなくて気持ち」と言いますね。

まりこ　「牛」の話(37ページ)のように、それぞれの生き方で答えが違うのに、
　　　　自分の生き方を見ずに、カタチを気にする人が多いんです。

　　　　でも、コツコツ温めて、歩いて、感じて
　　　　自分のお産とていねいに向き合えるなら、カタチはなんでもいいのよ。
　　　　「絶対、夫が立ち会って自然分娩」などと決める必要はない。

●下から産めれば、いいのか?
　そうじゃなかったら、ダメなのか?

まりこ　助産師として、いろんなお産に立ち会えば立ち会うほど、
　　　　「自然分娩、最高!」って言えない自分がいる。
　　　　それは「自然に産まないと子どもにトラウマが残る」
　　　　という話への違和感でもある。

　　　　下から産めれば、いいのか?　そうじゃなかったら、ダメなのか?
　　　　自然分娩が素晴らしいのは、確かです。でも、それがすべてじゃない。

　　　　私自身3人の子を自然分娩で産み、
　　　　生きものとしてお産をする面白さを味わった。
　　　　だから最初は「自然分娩、最高!」って思っていた。
　　　　でも、あるとき、「ちょっと待てよ!」って。

妊婦さんを見ると
「あの人にはこれから楽しいことが待っている」って思うほど、
お産が心地よくて、
それがきっかけで自分のリズムを大切に生きるようになったからこそ、
「帝王切開、吸引分娩など、医療を必要とした人はどうかな？」って
気になった。

それでいろんなお産に立ち会って、多くの女性と話をして実感したのは、
「帝王切開でも吸引分娩でも、真剣に心から自分のお産に向き合った人は、
お産が、より自分らしく生きるきっかけになっている」ってこと。

帝王切開を体験した人の中には、
ギリギリまでデスクワークをしていた自分を振り返りながら、
180度、暮らしを変えて、自然の力を大切にする活動を始めた人もいる。
逆に、自然分娩でも「なんとなく産んで終わり」という人もいる。
それで、私は確信したんです。

ちゃんと自分に向き合うなら、産み方に優劣はない。

どんなお産でも、自分の気持ちと真剣に向き合うことで、生き方まで変わる。
お産ってすごい。カタチじゃない。

それなのに
「自然に産めば、産後が楽なんですよね。自分が変わるんですよね」
って、カタチを求めて私の話を聞きにくる人がいる。でも、順番が違う。

有砂山　新しい命を大切にしたい。
　　　　その気持ちがスタートで、生きものとしての自分と向き合うんですね。

まりこ　そう。その結果、新しい命が生まれるとき、
　　　　新しく自分も生まれ、進化するのよ。

●自分にとって、なにが「自然」？

有砂山　そもそも、現代人が自然分娩をするために必要なのは？

まりこ　産む前の約10ヶ月、
　　　　☐ 自分の心や体に向き合う覚悟と時間があるか？
　　　　☐ そのために協力してくれる人が身近にいるか？
　　　　☐ そして、自分でちゃんとコツコツ実行しているか？　です。

　　　　でも、自然分娩を希望しているのに、
　　　　ここをすっ飛ばして、お産を迎える人がいる。

　　　　そうすると、陣痛がきてもこわがって緊張でお産が進まない、
　　　　そんな自分をどうしていいかわからない、という人がでちゃう。
　　　　これじゃ、自然に産むのは、ちょっと……。
　　　　それどころか、痛みへの恐怖で、赤ちゃんが生まれる瞬間さえ味わえない。

　　　　それなのに、そんな状況でも「自然分娩が自然ですよね」っていう人もいる。
　　　　そんな人は無痛分娩で、心穏やかに産むほうが、
　　　　よっぽど、その人にとって「自然」でしょ？

　　　　自然分娩にこだわって母子を危険にさらすほうが不自然。
　　　　心と体を無視して、頭で「自然分娩」って考えているわけだから。

有砂山　なにがこわいか？　それも自分にとっての「自然」の基準ですね。
　　　　私は「麻酔で感覚を失う」のがこわい気質なので、
　　　　強い陣痛にホッとしました。

まりこ　そう。本当にそれぞれ違うから、自分にとってなにが「自然」か？
　　　　見つめて！

●特別なことを特別にしちゃうのは、ちょっと違う

有砂山　「なにが自分の自然か？」を知るには、どうしたらいいでしょうか？

まりこ　まず、自分の日常をていねいに見てみて！

　　　　「遠くの聖地を拝みに行くより、日常をていねいに感じることで見える真実」
　　　　という表現があるけど、お産も同じ。
　　　　もちろん、遠くに理想のお産を求めて行ってもいいけれど、
　　　　そうじゃなくて成立するお産もいっぱいあるでしょ？

有砂山　たとえば、妊婦のときは、わざわざどこかの大自然に行かなくても、
　　　　いつもの街で、自分の原始的な感覚を呼び起こせますね。

まりこ　そうなの。矛盾したことを言うようだけれど……、

　　　　お産は、特別なことだけど、日常。

　　　　だからこそ、特別なことを特別にしちゃうのは、ちょっと違う。
　　　　「理想のお産」を絵に描いた餅のように空想しないで！
　　　　お産は、そのとき限り。
　　　　その特別な時間を逃さないためにも、日常にいてほしい。

　　　　たとえば
　　　　「自宅出産（医療者の立ち会いのもと、自宅で産む）」という選択にしても、
　　　　家族の反対を無理に押し切ろうとする人は、
　　　　どこかで空想に逃げているはず。
　　　　逆に、上の子どもたちに「入院しないで！」ってお願いされて、
　　　　ごく普通の都会のアパートで産むことになった人は、
　　　　自分の日常の中で、答えに出会っているんじゃないかしら。

●布団でも、分娩台でもいい

有砂山　妊婦さんたちが、意外とこだわることのひとつが「分娩台」ですね。

まりこ　「助産院、自宅」派の人は、「普通の布団で！」という願いが強くて、
なにかの事情で病院へ行って産むことになると、
「分娩台か……、普通のお部屋で産めない」ってがっかりしちゃう。

有砂山　でも、お産を数回して、布団と分娩台どちらも体験した人たちは、
「体を支えるのは、旦那か？　分娩台か？　ぐらい気楽に考えればいい」
「人肌に触れて産むのは気持ちいいけれど、
分娩台は角度調節もできるし、支えている人は大丈夫？
なんて気を使わない」
「分娩台を毛嫌いしないで」
「便利だから、見た目がよければ、助産院にあってもいい」って。

まりこ　そうなのよ。分娩台ってよくできている。研究しつくされている。
使う人の気持ち次第で印象が変わるのよ。

　　　　逆に、「病院」派の人の中には「分娩台がいい！」っていう人も。
フリースタイルで産める畳の部屋があっても「ちゃんと！　分娩台」って。
「ちゃんと！」って、なにかな？

　　　　お布団の上で体を丸めてすっと産むのは、それはそれでやっぱり気持ちいい。
「助産院、自宅」派の人たちがこだわるのも無理がない。
それくらい気持ちいいから、「病院」派の人も母子に問題がないなら、
分娩台にこだわらずにお布団で産んでみてほしい。

　　　　布団でも分娩台でも、
どこでも気持ちよく産めるしなやかな心と体になって！
そうしたら、気持ちいいお産になりますよ。

●ステレオタイプのストーリーが待っているわけじゃない

有砂山　なぜ、お産のカタチにこだわってしまうのでしょうか？

まりこ　きっと、ステレオタイプのストーリーを追いかけているからだと思う。
でも、お産って、たとえば、必ずしも
「夫が立ち会い、自然出産　→　子どもにトラウマが残らない
　→　夫婦円満」
というお決まりのストーリーが待っているわけじゃない。
子どもを持つと、自分やパートナーの本質と向き合うことになって、
いろんなことに気づいちゃうから、それで離婚する人もいる。

大人になって一人前に生きてきたつもりでも、
パートナーと出会うと、
それまで気づかなかった自分のテーマが見えるでしょ？
そこに子どもが加わるというのは、心に爆弾をぶち込まれるくらい衝撃的。
その衝撃は、最初、パートナーや子どものせいだと感じるけれど、
相手を見れば、結局、自分が見える。

人生のどこかで向き合わなきゃならない自分！　と出会うのよ。

いろいろな人が生き方を変えるほど、お産で自分を見つめるのは、
お産が、女性の大切な転換期として存在しているからじゃないかしら？
でも、くりかえし伝えているように
「こうでなけれならない」というカタチはひとつもない。

大切なのは、ていねいに自分と向き合うこと。ていねいにしないと、
どんなにお産が大きなテーマを自分に与えてくれるものだとしても、
自然分娩でも、帝王切開でも、なにも感じないで通過してしまう。
逃げて「向き合わない癖」がつくと、ますます自分が見えなくなる。
それじゃ、もったいないな！　と思うんですよ。

どんな感じ？　それぞれの声

有砂山　「カタチじゃなくて気持ち」、いろんな人の声を感じてください。

病院で産んだ人の声

♣ 血液型がRh（ー）
「自分の産む力」と「母乳育児」を大切にする病院を探しました。
子どものときから「5本指ソックスを家族中ではく」ような家庭で育ち、
妊娠中もコツコツ温めて、歩いて、自分の感覚をアレコレ楽しんで試しました。
お産の日、先生の「思いっきり会陰保護します」の言葉に励まされ、
「私が産まなきゃ」っていきんでいたら、子どもはズズーッとでてきてくれた。
変人と思われない範囲で、どこまで「日常の私」で産めるか？
2人目を産むときは、もっと病院でのお産に積極的になりたい。
お気に入りの「ぬか袋※」を病院に持ち込もうかな？　　　　　　　　　（31歳　初産）

※米ぬかを入れた木綿の袋を電子レンジで1分温め、おなかや足にのせます。

♣ 予定帝王切開
骨盤が狭い体型と赤ちゃんの大きさの関係で、初産で予定帝王切開になり、
3人の子どもを帝王切開で産みました。でも生まれた感激がちゃんとある。
しかも毎回違う。最初はただただうれしくて泣いた。
2人目は当時病院では珍しいカンガルーケアの味わいに泣いた。
3人目はおっぱい吸ってもらっただけで泣けた。生まれるってそれだけでスゴイ。
帝王切開だったから「自然に産めること」を人一倍大切に思う。
味わいたくても味わえないから「無痛分娩？　陣痛を体験しないの？」とも感じる。
子どもには「君たちはママのおなかを開いて生まれたけれど、
女の人には赤ちゃんの通る道があって、
オマタから生まれるよ」って伝えています。　　　　　　　　　　　（31歳　3人目）

※帝王切開をした人の声は「帝王切開のとき」（80ページ）にも掲載しています。

病院と助産院、両方で産んだことのある人の声

🍀 1人目・2人目：助産院、3人目：病院（首にへその緒が巻きついた逆子）
助産院は、添い寝添い乳で楽だし、毎日食べたいくらいご飯もおいしい。
でも、病院も楽しい！　同じ時期に産んだ人とちょっと話すといい息抜きに。
母子異室は産後の体にはキツいけれど「みんなでワイワイおっぱい」は病院だけ。
助産院は、タイミングによってはお産が自分一人だけのこともある。
病院で「体を温める大切さ」を伝えたら、いろんな人が共感してくれた。
産むことにいいことって、どこで産もうが同じですね。　　　　　　　（35歳　3人目）

助産院で産んだ人の声

🍀　幼少期の病気がきっかけで心や体の感覚を大切にし始め、
妊娠してその感覚が深まった。
立ち会いや水中出産を希望していたけれど、実際は……、
助産院に到着して部屋でパンツをおろした瞬間、パンって破水、ジュルって生まれた。
入院の荷物をとりに、夫が車に戻った間！
きっと子どもは誰にも見られず、触られずにスッと生まれたかったんです。
母親になる私の「○○したい」という思いをカタチに示すのではなく、
「おなかの中の人の意志に従う。私は命の通り道」それがお産だった。　（35歳　初産）

🍀「下痢？」っと思ったら、その痛みが陣痛。最初は痛みがこわかったけれど、
助産院のお部屋で一日中、靴下やお灸で体を温めていたら、
助産師さんがお母さんに見え、痛みがエネルギーに変わるのがわかった。
そして「死んでもいいから産みたい」というエネルギーがわいてきて、
そうしたら産みました。
自分が産んだことも忘れて「よく出てきたね」って言いました。
産後は、自分も0歳児のようになって、自分の本質が見えました。
それから1年半後、「誰に頼っても自分に自分を託せる」と思ったら、2人目を妊娠。
自分をシンプルにするチャンスを再び子どもが与えてくれ、ひたすら感謝しています。

（27歳　初産）

自宅で産んだ人の声

♣ 3人目の妊娠に、上の子たちは喜ぶ一方「入院しないで！」と言うんです。
どうしたらいいのか？　自問自答しながら「自宅出産」という答えにたどりつき、
夫に提案すると協力的だったので心が決まりました。
お産の日は、夜中0時に帰宅した夫が「どう？」って言った瞬間、陣痛に。
夫は仕事で疲れていて、彼自身のことで精一杯だったので、
2日分のご飯とお弁当、掃除洗濯、お産の布団も自分で用意しました。
明け方、助産師さんに来てもらい、
ウロウロしながら、最終的にはソファーにつかまって産みました。
バタバタしつつ、でも、我が家で安心しつつ、トイレに行く以外、家族は一緒。
子どもは血液にもひるまず、赤ちゃんの頭が出てきた瞬間「かわいい」って。
その声を聞いて、うれしくて力が抜けた。
出血が多くて病院に搬送されたけれど、家で産んだ心地よさは、
今も心に残っています。　　　　　　　　　　　　　　　　　　　（27歳　3人目）

♣ 私たち夫婦は看護師。2人目を妊娠すると、夫が、
「仕事も楽しいけれど、育児休暇をとって家で家族の世話をするのはもっと楽しい」
と言い、自宅出産に。
山が好きで、臨月は夫とおなかの子で高尾山へ。
そうしたら翌日の昼間、陣痛がきました。助産師さんや仕事中の夫に連絡。
進みが速く、助産師さん到着から1時間後、リビングの布団で産みました。
産後は心身が落ち着くように助産院風にスッキリさせた個室へ移動。
夫は、最初の気持ちそのままに「本当に楽しい！」って母子の面倒をみてくれて、
「天職ってあるんだな」と感じたお産です。　　　　　　　　　（39歳　2人目）

妊娠 6 おっぱい

哺乳類はよくできている！
安産とおっぱいに大切なことは同じ

ヒトのおっぱいは、ヒト専用

有砂山　母乳で生き始める。私たちは、そういう生きものですね。

まりこ　そう。おっぱいはすごいのよ！
タンパク質ひとつとっても「牛のお乳は牛専用、ヒトのお乳はヒト専用」です。
だから、ヒト用のお乳を飲むと、栄養バランスもくずれず、免疫力もつく。
おっぱいは最高の完全栄養食だから、優秀な粉ミルクもかないません。

そして、おっぱいは絆。赤ちゃんにとって、この世で最初の精神安定グッズ。
授乳すると、絆を深めるホルモンがでて、
お母さんは自然に赤ちゃんを大事にできるし、
母乳を通して同じホルモンが赤ちゃんに伝わり、
赤ちゃんのストレスも減るのよ。
しかも授乳すると、子宮の回復を助けるホルモンもでる。

特別な事情がない限り、哺乳類らしくおっぱいを楽しんで！

有砂山　そんなに？
って大人が戸惑うほど、子どもはおっぱいを愛してくれます。

■おっぱいをあげられない例：母乳を介して感染する病気の人。代表的な例として……
- ATLA（成人型T細胞白血病）　　● HIV　　● 結核や精神科の薬の使用中など

我が子の命は母乳より大切です。罪悪感や劣等感を持たずにミルクをあげてください。

楽チンおっぱいの準備は妊娠中から

有砂山　「楽チンおっぱい」とは？

まりこ　赤ちゃんがご機嫌で「私」の体も楽なおっぱいです。最高でしょう？

「触れたときにやわらかく、飲んだときに温かくてサラサラ」のおっぱいが、
赤ちゃんは好き。
そんなおっぱいは、お母さんの体にもトラブルがないんです。

逆に「かたくて、冷たくてドロドロ」を赤ちゃんは嫌がる。
お母さんの体もトラブルだらけ……。
もし、乳腺炎になって痛くてつらかったら、
赤ちゃんはそれ以上につらいと思って。
だって、一日中カチコチのおっぱいに触れ、マズいお乳を飲むのよ。

有砂山　では、母子共に幸せなおっぱいにするには？

まりこ　母乳は血液でできているから、
温かくてサラサラの血液にすれば「楽チンおっぱい」になる。

血液は入れ替わるのに数ヶ月かかるので、妊娠中から準備が始まります。
でも、おっぱいのために特別な準備はいりません。

だって、安産とおいしいおっぱいに大切なことは同じ。
温めて、歩いて、自分や季節を感じていれば、
自然に温かくてサラサラの血液になって、やわらかいお乳になるんです。

生きものってよくできているでしょう？

「ノーブラで四つんばいになって、床掃除」もぜひ試して。
子宮がひろがって、おなかの赤ちゃんがリラックスできるし、
お母さんのお乳も解放されて、やわらかく温かくなります。

おっぱいをしめつける
ブラジャーは禁物。
妊娠中からノンワイヤーの
授乳用ブラジャーを。

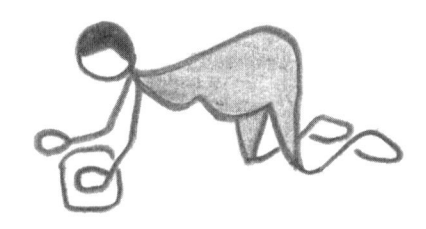

有砂山 おっぱいのカタチを気にする人もいると思いますが……。

まりこ 赤ちゃんにとって、お母さんのおっぱいがナンバーワンでオンリーワン。
乳房が小さくても大きくても、乳首が陥没してても扁平でも大丈夫。
アトピー性皮膚炎でも問題なし。

有砂山 私も、お産直前に乳首がアトピーに……。
ところが、まりこさんは、
「平気よ！ 赤ちゃんは全く気にしないから。
逆に吸ってもらうと、治るかもしれない」って。
ホッ本当？ って思ったけれど、でも、なんと本当でした。

まりこ そうそう。一人で悩まないで。
助産師は、おっぱいケアのプロだから、なんでも相談して！

有砂山 「粉ミルク育児」で母乳をよく知らない世代が、
21世紀のおばあちゃん、お母さんになっている。私も、その一人。
助産師さんという「お母さん」がいなかったら、どうしていたのかなぁ？

おっぱいのあげ方、離乳食、卒乳などなど。
さっそく知りたい人は、
お産・産後の章のおっぱいのページ（81ページ、104ページ）へ。

妊娠 ⑦ 産後の暮らし方

古来の知恵「床上げ百日」を知っていますか？

とっても大切な「助っ人」とお布団

まりこ　古来の知恵「床上げ百日（とこあげひゃくにち）」ってすごいのよ。
　　　　つまり、産んだ後100日間はお布団でゴロゴロしながら、
　　　　最初の1ヶ月間は安静にし、その後の2ヶ月間も体をいたわって暮らすと、
　　　　お産で使った全身の骨や筋肉が回復し、体がリセットされて、
　　　　産む前以上に元気な自分になれるんです。
　　　　でも、それを守れない人が多い……。

有砂山　その理由は、産後の章（94ページ）に記したので、
　　　　ここでは、実際に休むために必要な、妊娠中の準備についてお伝えします。

まりこ　「床上げ百日」に大切なことは2つ！
　　　　①「家事の助っ人」
　　　　②「添い寝添い乳のできる部屋（お布団）」の準備です。

●産後の「家事の助っ人」

まりこ　まず、知っておいてほしいのは、産後1ヶ月目までは
　　　　「添い寝添い乳で（寝転んで赤ちゃんにおっぱいをあげること → 84ページ）
　　　　赤ちゃんと一緒に夜行性の暮らし」ということ。
　　　　生まれたての赤ちゃんは、
　　　　夜10時ぐらいから目がパッチリになることが多く、
　　　　お母さんは夜中におっぱいやおむつ替えを何度もします。
　　　　ということは……
　　　　昼間、眠っておかないと、お母さんは眠る時間がない。

そして夜、眠れるようになっても、骨盤がいつもの位置に戻るまで、
最低1ヶ月は「トイレと食事以外はお布団でゴロン」と休んでほしいんです。
産後1〜3ヶ月に無理をすると後で心も体もガタガタになるから、要注意！
ということは……
いつもの昼間の家事を、産んだ人はできない！
また、産後3ヶ月間は「重いゴミ捨て」「かぼちゃを切る」など
骨盤に負担のかかることも、産んだ人はできない！
じゃあ、誰がするの？

次のページの表で、産後の家事の分担をシミュレーションしてみて。

冷静に考えると、夫婦二人では、無理なことに気づきませんか？
くれぐれも気分で「できる」と考えないで！
どうですか？「家事の助っ人」が必要でしょう？

実際、「助っ人」がいないと1ヶ月もしないうちに心も体もクタクタで、
赤ちゃんのいる幸せさえ遠のくから、必ず「助っ人」を妊娠中に決めて。

有砂山 誰にお願いしたいか？
自分の気持ちに正直に決めると、気持ちよく休めますね。

まりこ そうなの。実母、義母が泊まりがけで来て、お互い気疲れしてしまうなら、
友人や、シルバー人材、「生協」などのサービスを週に数回頼んでもいい。
気を使わない人にお願いして！

決まったら、「助っ人」が困らないように、いつ、なにをするか？
なにが、どこにあるのか？（掃除や料理の道具、材料の場所）を伝えて。

そして「助っ人の最大の仕事は、母子を静かに休ませること」と伝えて。
くれぐれも、「助っ人」とのおしゃべりに時間を費やし、
「赤ちゃんと静かに休むどころか、ぐったり」なんてことにならないように！

誰がなにをするの？　（産後1ヶ月は、産んだ人以外の人がすべての家事をする）

		1週目	2週目	3週目	4週目	5週目
朝ご飯	用意					
	片付け					
昼ご飯	用意					
	片付け					
晩ご飯	用意					
	片付け					
洗濯	洗う、干す					
	しまう					
お風呂	赤ちゃん					
	大人					
買い物	（注文）					
	届く、しまう					
掃除						
ゴミ捨ての日						
上の子どもの送り迎え						

■**助っ人にしてもらってよかったこと**
- 保育園の送り迎え　●おかず、ご飯のつくりおき（冷凍や長期冷蔵可能なものは多めに）
- 自家製カット野菜のつくりおき（味噌汁、煮物など広範囲で使えるように）

■**助っ人のかわりに役立ったこと**
- 食品の定期宅配サービスの利用
- 真空保温調理器の活用（火を使う時間が短く、台所を離れている時間にスープやシチュー、煮物がつくれるので助かります。）

■**骨盤に負担をかけないために、家族にできること**
- 重い荷物を運ぶ　●布団のあげおろし　●お米を米びつに入れる
- 腰に力を入れて切る野菜（かぼちゃなど）を切る　●上の子の抱っこ
- 布おむつの人は……　おむつ用洗濯バケツの水入れ

●産後に「添い寝添い乳のできる部屋（お布団）」

有砂山　生まれたての赤ちゃんのために、本当に、すぐ必要なのは？

まりこ　一番肝心なのは、
24時間いつでも「添い寝添い乳」ができるお布団があること！

「床上げ百日」の約3ヶ月、お布団を敷きっぱなしにしていても、
母子が気持ちよく暮らせるスペースを家のどこかに用意して。

個室がベスト。
でも、むずかしいときは、居間でもいいのよ。
そのときは、母子がリラックスできるように音や明かりに配慮して。
また、うっかり家事をしないように気をつけて。
「自分をいたわること」や「赤ちゃんとの静かな時間」を忘れないで。

これまで寝具がベッドだった人も、卒乳までは、お布団ですよ！

ベッドでの添い寝添い乳は赤ちゃんが転落する危険があるし、
ベビーベッドに赤ちゃんを寝かせ、
夜中に授乳でいちいち起き上がるのは、大変。

病院で出産した人は、
赤ちゃんと別々に寝ることを当たり前のように思っているけれど、
ぜひ、同じ布団で寝て、添い寝添い乳の気持ちよさを味わって。

有砂山　ある晩、となりの布団に子どもを寝かせたら、それだけでも遠かった！

同じ布団で添い寝添い乳をすると半分眠ったまま、
勘でおっぱいをあげられます。
一度試したらやめられなくなる。それくらい、楽チンです。

> **まりこさん流** 産後のお部屋

- ☐ お布団
- ☐ 赤ちゃんの着替え（2セット）と布おむつ（15枚）おむつカバー（4〜5枚）を入れたカゴ
- ☐ 赤ちゃんのお尻拭き（つくり方59ページ）をいれた容器
- ☐ 汚れた布おむつを放り込む入れ物（感じのいいバケツや洗面器）
- ☐ 魔法瓶と湯飲み
- ☐ お母さんの着替え入れ
- ☐ 小机、照明スタンド
  音楽を聴く装置

> **まりこさん流** 産後すぐに必要なもの

■**赤ちゃん** ☐ 肌着 ☐ 足つきスパッツ（足なしなら靴下） ☐ ベスト（秋・冬）
☐ ベビードレス（季節に合わせて） ☐ 帽子 ☐ ガーゼのハンカチ
☐ 布おむつ、おむつカバー、ふたつきのバケツ（または紙おむつ） ☐ つめきり
☐ おくるみ用バスタオルまたは毛布（シンプルな1枚布）
☐ チャイルドシート ☐ ベビーバス（レンタル）

■**お母さん** ☐ 腹巻き ☐ さらしの腹帯 ☐ スパッツ ☐ 五本指ソックス
☐ 授乳用ブラジャー（ノンワイヤー） ☐ ショーツ（大きめで、おヘソの上まで隠れるもの） ☐ 生理用ショーツ（大きめ） ☐ 生理用ナプキン ☐ 授乳用おでかけ着
☐ スリング、抱っこひも

〈いらないもの〉ベビーベッド（どうしても必要ならレンタル）、バウンサー、哺乳瓶（母乳なら使わない）、搾乳器（しぼってはいけない →105ページ）、沐浴剤、沐浴用かけ布、ベビー石けん、ベビーシャンプー、ベビーローション、ベビーパウダー、ミトン、鼻吸い器、産褥ショーツ（生理用ショーツで大丈夫）、ガードル（腹巻きで大丈夫）
〈譲ってもらったら使うもの〉ベビーバス、湯温計
〈急がなくて大丈夫なもの〉ベビーカー、ベビーチェア

赤ちゃんの喜ぶおむつ

有砂山 　赤ちゃんは大人と同じ言葉を話さないけれど、なにもかもわかっている。
布おむつだと赤ちゃんの「気持ちいい、悪い」がストレートにわかり、
「布」が母子の野性にみがきをかけてくれますね。

まりこ 　そう。経皮毒も避けられるし、ぜひ使ってほしい。
でも、産後の生活はそれぞれ事情が違うでしょ？
人手が足りないのに「布」にこだわり、我が子のお世話が憂鬱になるなら、
「紙」と「布」を併用して。
もともと肌に触れるものに敏感な人は、布ナプキンを使うように
自然に使い続けられる人が多いけれど、無理しないで。
布おむつも、頭じゃなくて心で使って！

赤ちゃんのサインを感じてオシッコ・ウンチをおまるでさせてあげる、
昔ながらの育児法「おむつなし育児」に興味がある人も、心で試して。

ちなみに「自家製番茶コットンのお尻拭き」なら誰でもつくれます。
番茶には天然の殺菌作用があり、お尻拭きにピッタリ。
安全で経済的で簡単です。できることから原始的に。

■経皮毒とは？
経皮毒は「皮膚を通して有害な化学物質が体内に入ること」です。妊娠中、授乳中は、
お母さんの吸収したものが胎児やおっぱいを吸う赤ちゃんにそのまま届くので
肌に触れるものや洗剤は、できるかぎり天然素材に！　オーガニックなら◎。
紙ナプキン、紙おむつは「紙」ではなく、「石油系素材」なので、必要最低限に。
□ 石けん・シャンプー・化粧品　→　石油系成分（界面活性剤、色素、香料）不使用
□ カラーリング　→　ヘナ
□ パーマ　→　卒乳までお休み
□ 下着、ナプキン、おむつ　→　綿、シルク、ウールなど天然素材100％

> **まりこさん流** **新生児の布おむつの使い方**

新生児は「1日にオシッコ6回以上」が基本(回数は個人差があります)。

■枚数

- □ 布おむつ:1日分15枚。洗い替えを考え、最少でも 15枚×3日分＝45枚。
  素材は綿100％、形は「輪おむつ」が使いやすい。
- □ おむつカバー:10枚前後(いつも汚れるわけではないので)。
  素材はウールが抗菌性、防水性に優れている。形はお好みで。

■あて方

1. 輪おむつを四つ折りに。
2. 1をおむつカバーの上におく。男の子は前、女の子は後ろを折り込み、厚みをつける。
3. 赤ちゃんをおむつの上にのせ、カバーを止める。

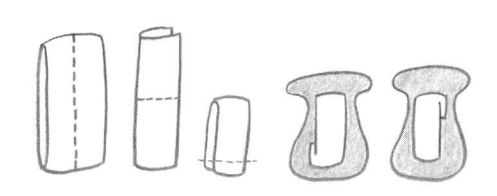

■洗い方

[用意するもの]　□ ふたつきバケツ(オシッコとウンチのおむつを分ける場合は2個)
　　　　　　　　□ 洗剤(界面活性剤不使用)　□ 酸素系漂白剤

1. バケツに水、洗剤、酸素系漂白剤を入れておく。
2. 産後1ヶ月、夜間は汚れたおむつはとりあえず布団の横の洗面器へ入れ、立ったついでに専用バケツへ。
3. オシッコ　→　そのままバケツへ
   ウンチ　→　気になるときは軽く洗ってからバケツへ。
4. 1日分たまったら、軽くすすいで洗濯機で洗い、しっかり干す(日光消毒)。

■自家製番茶コットンのお尻拭き

[用意するもの]　□ 番茶(できれば無農薬の三年番茶)　□ 大判コットン
　　　　　　　　□ ふたつき容器

1. 番茶を入れる。
2. 容器にコットンを高さ10センチ分くらい入れる。
3. 番茶をコットン全体にしみ込むように注ぐ。水分が多すぎたら、軽くしぼる。
4. 容器のふたをして、おむつ替えコーナーに置いておく。

妊娠 ⑧ メークラブ

子宮の感受性が高まっているときに、最高のメークラブを

妊婦さんの気持ちいいメークラブとは？

有砂山　男女の性の営みを現代の日本では「エッチ」と言いますが、
　　　　これは「変態」の頭文字なのだとか。
　　　　でも、みんながみんな、いつもいつも変態というわけでもないと思うので、
　　　　この本では「愛をつくる」という気持ちで
　　　　英語の「メークラブ」を使っています。

　　　　さて、メークラブのひとつの結果が妊娠であり、
　　　　メークラブというのは、
　　　　哺乳類としての感覚を目覚めさせてくれた根っこの部分ですね。

まりこ　そうなんです。ただし、ヒトは、ほかの哺乳類と決定的に違う点がある。
　　　　ヒト以外の哺乳類は、子孫を残すために交わるけれど、
　　　　ヒトのメークラブは、子孫を残す・残さないに関係なく、
　　　　コミュニケーションのひとつですよね。
　　　　だから、子どもを宿した妊娠中でも
　　　　「メークラブはどうしたらいいのかな？」と男も女も考えるんです。

有砂山　では、妊娠中のメークラブはどうしたらいいのでしょうか？

まりこ　あなたにとって、メークラブが……
　　　　「やさしく肌を触れ合わせて満たされること。
　　　　相手と自分の感覚を大切にしながら、ときには互いの性器も交わらせて、
　　　　心も体も快く解放されること」
　　　　だとしたら、妊婦さんになっても「基本はいつも通り」でいいんです。

でも、あなたにとってのメークラブが……
「男性の性器を女性の性器に挿入してはげしくピストン運動させること」
だとしたら、妊娠中のメークラブは心身を痛めるだけのものになってしまう。
それは妊婦さんにも、おなかの赤ちゃんにもよくありません。
また、感染症の治療中だったり、おなかの張りを不快に感じて、
医師から「早産、流産の予防のため、セックスは控えるように」
と言われているなら、指示に従ってください。

そうじゃないなら、
妊娠中のメークラブはきっといつも以上に気持ちいいはず！
いわゆる「いく！」といわれるオーガズムは女性の場合、子宮の収縮です。
子宮に命を宿している妊娠中は、子宮の感受性もいつもより高まっている。
だから、全身の肌で感じることに子宮が敏感に反応してくれるんです。
性器を交わらせなくても、子宮はちゃんと感じてくれる。

といっても「いく」「いかせる」がメークラブではない。
触れ合うだけで心も体も満たされる感覚も、赤ちゃんからのプレゼント。

実は、妊婦さんが気持ちいいメークラブは相手も気持ちいいんですよ。
3人目の妊娠で「妊娠中のメークラブ」を初めて体験した人の感想は
「〈これまでの2回（1人目と2人目の妊娠中）、もったいないことした〉と
夫が言うんです。確かに表現しがたいフィット感がありました」なのです。
妻が妊娠中に浮気なんてもったいないですよ。

子宮の感受性を最高に高めるために、温めて、歩いて、感じて。
そして、誰よりも「温かい心と体」になってメークラブを楽しんで。

もしもメークラブがこわいと感じるときは、
アロマテラピー（90ページ）でリラックスしながらしてもいいんですよ。

column

流産について

有砂山 どんなに最善を尽くしても、世界には流れていく命がある。
この重い事実の前で、私たちにできることは？

まりこ 忘れないでほしいのは「流産」という言葉の通り、
一人の女性が命を流しながらも「子どもを産んだ」ということ。

有砂山 我が子の産声を聞けなくても、命を産んだことに変わりはないんですね。

まりこ そうなの。
だから、目の前に我が子がいる人と同じように
「床上げ百日」の産後3ヶ月、
産んだ心、産んだ体をちゃんと静養させてあげてほしい。

でも「流産した人は、命を産んだ人」ということを知らない人が
世の中にはまだまだいるでしょ？

それで、流産をして「心も体も休ませたいな」と思っているのに、
周囲の理解が得られなくて、
産後すぐにバリバリと仕事や家事や育児をしてしまう人が多いのよ。

もし、あなたのそばで流産というできごとがあったら、
どうか「流産した人」を「産んだ人」として休ませてあげて。

有砂山 私たち自身の流産への理解が、まず第一歩ですね。

まりこ そう。「流れていった命」「残された命」どちらの命の重みも
全力で受けとめたいんです。

有砂山　「流れていった命」を思うとき、なにかできることは？

まりこ　「命」がこの世に誕生する目安だった「予定日」を大切にして。

　　　　そして「あの人が生まれようとしていたのは、こんなときだったのか」と
　　　　季節を感じながら、共にすごしたときを思い返して。

　　　　「流れていった命のことを考えていたら、前には進めない」
　　　　と思う人もいるかもしれない。
　　　　でも、本当にそうなのか？
　　　　ひとつの命を授かって、そして、ひとつの命が流れ、
　　　　そして、今ここに自分が生きている。
　　　　その事実は、自分になにを問いかけてくるのか？

　　　　「流れていった命」から逃げずに、
　　　　自分ととことん向き合ったら、一歩前に進めるはず。
　　　　そして、もしも心にひっかかることがあったら、
　　　　その自分の思いを自分自身できちんと受けとめて、
　　　　日常をていねいに暮らしてほしい。

　　　　「授かるのなら、もう一度」と思ったときも、
　　　　医療者に相談しながら、どうか自分という命を大切にして。

有砂山　自分という命を粗末にしないで生きることが、
　　　　流れていった命の思いを受けとめることにつながるのですね。

まりこ　そうなの。
　　　　くりかえすけれど、日常をていねいに暮らすことを忘れないで！

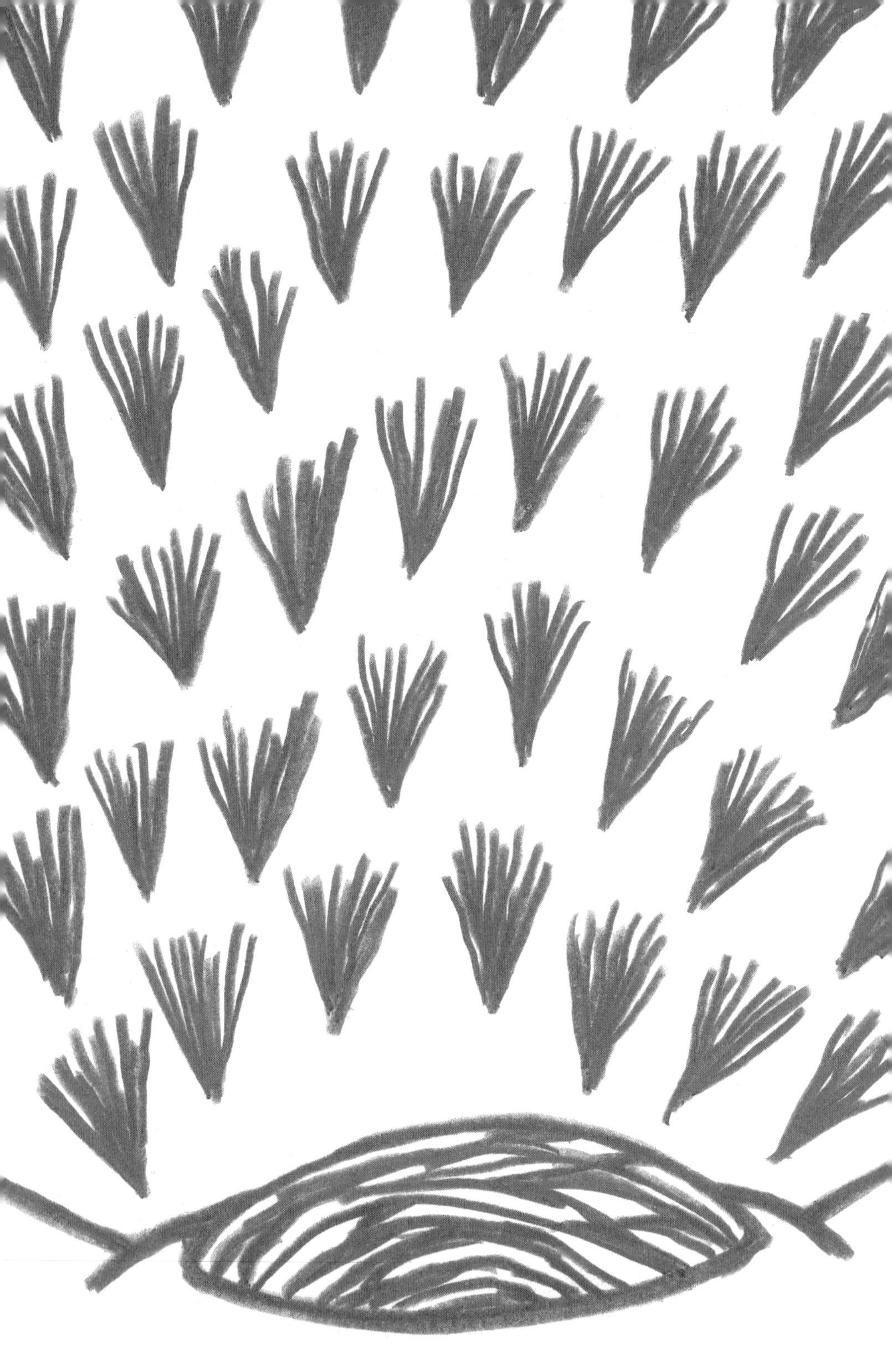

お産

自分も生まれる時間です。

お産……自分も生まれる時間です。
夢じゃない

有砂山　臨月は、子どものように「気持ちいい！」とか「気持ち悪い！」とか、
　　　　未だかつてないほど直感的になります。
　　　　直感だけになると、
　　　　「お母さん、外へ飛び出すよ！」という赤ちゃんからの信号、
　　　　陣痛がきたときも素直にスッと反応できる。
　　　　「遠慮は無用」で、まわりの人はちょっと戸惑うかもしれないのですが……。

まりこ　でも、お産のときはそれぐらいがちょうどいいんです。
　　　　お産のときぐらい、生身の自分をぶつけて。
　　　　「取り乱す」でも「泣く」でもいい。

　　　　お産はライブ。
　　　　生きていること自体がライブだけど、
　　　　今を今として感じられる時間は限られている。
　　　　お産も、そのひとつ。
　　　　だから、まるで録画を見るみたいに、
　　　　人ごとのように「自分のお産」を扱ってほしくない。
　　　　でも、お産にファンタジーだけ求めていると、そうなってしまう。
　　　　そういう人には「お～い！」って言いたくなります。
　　　　お産は夢じゃないから。

有砂山　お産はファンタスティックだけど、日常で現実。
　　　　眺めていたら「自分のお産」は終わらない、ということですね。

まりこ　そうなの。夢を見るように、お産のカタチにこだわらないで。
　　　　今、なにを自分は感じているのか？　とことん自分と向き合ってほしい。
　　　　そうしたら、赤ちゃんも、自分も生まれるから。

有砂山の実感　静かな恍惚

陣痛は「トントン体の中で響くけど、もしや？」という軽い違和感で始まり、
やがて「ウッ、赤ちゃんが産道を通ってる！」と感じるような
下半身にズシンズシン響く痛みに変わります。
それは病的な痛みではなく、
かえってそのおかげで余計なことを考えなくなります。
人生の時計の針が逆流するように、どんどん子どもみたいになって、
いつのまにか言えることだけ言って、できることだけしている。
そして最後にいろんなわだかまりからスカッと解放されて
ウアーッウアーッといきむ。
これが人生最大級の気持ちよさなのです。

この解放感を味わいながら、直感的に思い出したのは、
産むことは男女の性の営みの延長線上に存在するということ。
子宮の収縮という物理的な快感だけでなく精神的な解放感も似ている。
違うとすれば、解放感の度合いです。
女であるとか、大人であるとか、あらゆるものから解き放たれ、
たとえ、産卵後に死ぬ生きものと同じ運命が待っているとしても、
なにかに突き動かされるように「私」という存在さえ気にならない、
命そのものになる時間でした。
ヘロヘロでもヘトヘトでもない。静かな恍惚です。

それは、妊婦さんとして生きた「ひとつの人生」を終え、
「次の私」が新しく生まれたような感覚なのです。

静かな恍惚は、終わりの恍惚であり、始まりの恍惚なのです、きっと。

　では、実践に入りましょう！

お産　1　温める

おなかの中から、ほこほこでジ～ンと

確認：実行してる？

有砂山　お産までにしておきたいことはいろいろあるのに、
あれもこれもできない。なにを優先させたら……？

まりこ　なんといっても、大切なのは温かい心と体にすること。

今までできなかった人も、しないより、したほうが絶対にいい。

「産後の家事の助っ人を頼むこと（53ページ）」と入院の支度ができていれば、
ほかのことはなんとかなるのよ。

37週すぎたら、夫の世話も家の雑用も「や～めた」って放棄していい。

例外は「巣ごもりモードの家事」。
臨月になると動物の巣ごもりのように、
「赤ちゃんと暮らす家をもっとキレイに！」という衝動にかられる人がいる。
これは、もう、本能かな？

有砂山　私も、ゴソゴソ、ゴソゴソしてたんですが、
あるとき、吹っ切れるように「もう、いい」ってやめました。

まりこ　そうそう。気の済むまで、どうぞ。
ちゃ～んと片づけ終わって陣痛がくる人もいるし、やっぱり、人それぞれ。

いずれにせよ、
頭や目を酷使するテレビや携帯電話は、必要最低限に。

おなかの中からほこほこにして、ジ〜ンと赤ちゃんと自分を感じる！
それだけに、気持ちを集中させて。

チェック表があると実行できる人は、
子どものときみたいに「できた！」「忘れた！」と印をつけてみて。

実行することが大切ですよ。

■第　　週 [　　月　　日〜　　月　　日]

	／	／	／	／	／	／	／
靴下							
お灸							
ご飯							
歩く							
骨盤まわし							
スクワット							
骨盤歩き							
足8の字							
内もも踏み							
階段昇降							
四つ足動物							

お産 ② 歩く

赤ちゃんが自然に降りてくる魔法

臨月ハイキング

有砂山　約3kmの高尾山（東京）の山道を臨月にてくてく歩いていると、
「妊婦さんが、山登り?!」って、すれ違う誰もが驚きます。
私も初めて写真を見たとき「なぜ、こんなにたくましく輝いているの？」って
息をのみました。今にして思えば、野性の輝き！　ですね。

まりこ　そう！　現代人にとって臨月ハイキングは衝撃的。
でも、かつては日常だった。
私の恩師の恩師、80歳まで現役だった助産師、野本寿美子さんが
生前、教えてくださった話によると、
「昔は東京の立川あたりでも、
臨月なのに子どもの生まれる気配のない妊婦さんには、当たり前のように
〈高尾山に登っておいで。楽に生まれるから〉と言っていた」といいます。

実は、臨月に野山を歩くのは、赤ちゃんが自然に降りてくる魔法！
だから、幼稚園の遠足で行くような、身近な自然の中を歩くといいんです。
高尾山みたいにリフトで帰れるところもおすすめですよ。

有砂山　アスファルトより山の土が気持ちよくて、結局、私は、臨月4回、高尾山へ。
山の神さまの粋な計らいで、4回目の夜、おしるしがきました！
振り返ると、山の清々しさはお産とどこか似ています。

まりこ　そうね。清々しさを臨月に肌で感じるって大切です。

予定日も歩く

まりこ　予定日はあくまでも予定日。
　　　　予定日をすぎて子どもが生まれることも珍しくないのよ。
　　　　だから、予定日もいつも通り、ぼ〜っと歩いて。

有砂山　私は、夫と高尾山へ！
　　　　でも、予定日には生まれませんでした。

まりこ　そうそう。気分がよければ、安心して、いつも以上に歩いて。
　　　　赤ちゃんも降りてくるから。
　　　　もしも陣痛がきても、
　　　　子どもが生まれるまでには数時間はかかるから、安心して。

有砂山　「初産なのに、速い！」とまりこさんに言われた私でさえ、
　　　　「あれ、これって?!」と気づいたかすかな陣痛から、
　　　　子どもが生まれるまでには約8時間半。

　　　　「飛び出すよ！　飛び出すよ！」という子どもの気配を感じながら、
　　　　家の近所をうろうろ歩いたり、ご飯を食べたりして、
　　　　結局、助産院のお布団の上にいたのは、最後の30分でした。

まりこ　というわけで、予定日も家の中に閉じこもらないで！
　　　　そして、予定日がすぎたら、一日中でもいい。たっぷり歩いて。

有砂山　予定日以降の散歩は、「いつでも、いいよ！」という気持ちがふくらんで、
　　　　自分の感覚がシンプルになっていきますね。

まりこ　そうなんです。あの感覚はそのときしか味わえないですよ。

お産 ③ 自分を感じる

まな板の上の鯉じゃないんですよ

産むのは「私」。
生まれる日、生まれるところ、生まれ方を
決めるのは、赤ちゃん。

有砂山　いろんな人に支えられてお産をする。
　　　　されど産むのは「私」ですね。
　　　　世の中でなにがあろうと、この命、私が産まなきゃ誰が産む？

まりこ　そう。分娩台やお布団で「まな板の上の鯉」になるわけじゃないのよ！
　　　　つまり「産ませてもらう」のではなく、
　　　　医師や助産師に支えられて「産む」のです。

　　　　あなたのお産は、あなたにしかできない。

　　　　そして、いつ、どこで、どんなふうに生まれるのか？
　　　　決めるのは赤ちゃん本人。
　　　　親は、赤ちゃんの指示に従いながら、精一杯、産むだけ。

　　　　自分の予想と違うお産になっても、
　　　　それはお母さんの様子を見つめながら、赤ちゃんの出した結論。
　　　　「まわりの人はなんて言うかな？」なんて気にしないで。
　　　　まわりの人は「どう産んだか？」は、本人ほど気にしていない。
　　　　ただただ、母子の無事を願っている。
　　　　もし、反省が残ったら、それを忘れずに自分と向き合い、
　　　　ていねいに生きて！

なにもかも！

有砂山 大人として生活していると、
どんなにうれしくても、どんなに怒っていても、
「そろそろこの辺で、この感情は自分の中にしまっておこう」
というときがやがてくるけれど、
お産だけは、違いますね。

まりこ そうなんです。

お産のときは、自分の感情を正直に出して！
なにもかも！

たとえば、陣痛がきているときに、なんだか気に食わないことがあったら、
「なんだっ、クッソー！」って声に出して
カンカンに怒るとスルッと産めますよ。
逆に、
「怒る気がしない」というような冷めた感情は、
お産には不向き。

お産のときは、あふれるほどの感情が産むエネルギーになる！

泣きたかったら、泣く。笑いたかったら、笑う。
静かにしていたかったら、じっと静かにしている。
どれも、思う存分、好きなだけ、そうしている。

なんにも気にしないで！
どこまでも自分の心と体に正直なままでいる。

そうすると、子どもが生まれ、新しく自分も生まれるのよ。

お産 ④ 季節を感じる

宇宙にチュー

季節が気になるのは、◎

有砂山　子どもを産んだ日を振り返るとき、
　　　　多くの女性が、
　　　　その日の天気やふと目にした草花、耳にした鳥や虫の声について語ります。

　　　　それに対し、とある男性ジャーナリストは
　　　　「社会人なのに、なぜ、自分の子どもを産んだ日に
　　　　世界で起きていたことをコメントできないのか？」と嘆いていましたが、
　　　　本当は嘆く必要はないですね。

まりこ　そうね。
　　　　だって、お産のときに必要なのは、社会人らしさではなく、哺乳類らしさ！

　　　　その日の自然を覚えているのは、季節を感じているからでしょ？
　　　　つまり、子どもを産む人間として、野性がしっかり働いている証拠。

有砂山　子宮にいる命を感じながら、
　　　　きれいな花に見とれ、
　　　　空の色を愛でる。

　　　　宇宙にチューするくらい、うっとりしていていいんですね？

まりこ　そう。季節が気になるのは、◎ですよ！

お産 5 **お産のこと**

ちょっと気になるアレコレを知っておく

臨月になったら

●会陰のオイル湿布とマッサージ

有砂山　いよいよ生命の出入り口、会陰から赤ちゃんが飛び出すときに
　　　　自分でできることは？

まりこ　まずは、温めて、歩いて、感じて。
　　　　そして、毎日、会陰のオイル湿布とマッサージを！
　　　　そうすると、会陰も温かくやわらかくなって、切れにくくなりますよ。

[用意するもの]
□ 化粧用コットン（コットン100％　無漂白なら◎）
□ オイル：太白胡麻油（食用）、ホホバオイルなど。
　　　　　オイルに精油（91ページ）を加えてもよい。

[方法]
1　お風呂に入る1～2時間前、なにもつけていないコットンまたは布ナプキン※をパンツにあて、その上にオイルをしみこませたコットンをおき、会陰にあてる。
　　※紙ナプキンは「紙」ではなく「石油系素材」なので避ける（経皮毒について　→　58ページ）。
2　お風呂あがり、首の力をぬいてリラックスし、会陰全体をマッサージする。
　　とくに会陰のつけね、座骨のふちのコリを指でほぐすイメージでていねいに。

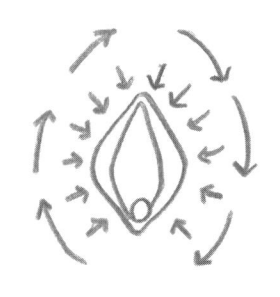

75

● 試してみよう　陣痛＆お産のポーズ

分娩第1期　陣痛開始から子宮口全開大までは「リラックスして待つ」

[陣痛ってどんな感じ？]

有砂山　始まりは、腰をトントンと叩かれているような軽い違和感なのですが、
　　　　やがて、体の中で赤ちゃんが地震を起こしているような、
　　　　ドスンドスンという響きになりますね。

まりこ　陣痛が10分おきに「イテテテッ」と何度もきて、
　　　　その状況を誰かに「実況中継」できないくらい、自分の中にこもる感じに
　　　　なったら、本物の陣痛。間隔が短くなったら、医療機関に連絡を。
　　　　10〜15分が目安。産院の指示に従って。最初の「イテテッ」から、
　　　　「気がついたら1時間」という場合は「仕切り直し」。

[陣痛がきたら]
呼吸はフーフー。吐く息に集中！
（牛っぽい感じ）

- クッションや枕にもたれかかって
  リラックス。
- パートナーによりかかって腰をゆっくりまわす。
- なにかにつかまってしゃがんだり、
  両ひざを開いてペッタンコ座り。
- 壁に手をついて、お尻をつきだしたり、左右に動かす。
- おなかに手をあて、マッサージ。
- 腰に温めた「ぬか袋※」
  などをあてて、
  リラックス。

※木綿の袋に米ぬかを入れた
　ものを電子レンジで約1分
　温めます。

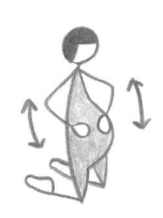

昼間だったら……動く → 食べる → 休憩（寝る）→ 動く　をくりかえす
　　　　　　　　動く例：家事を続ける　散歩する　入浴
夜間だったら……眠れるなら、ウトウト眠る

分娩第2期　子宮口全開大から赤ちゃん誕生まで「いきむ」

[「いきむ」ときには……]

有砂山　なんにも気にしないで、安心してオマタをリラックスさせると
　　　　気持ちいいですね。

まりこ　そうなんです。緊張していると、お産は進みませんよ。

[子宮口が全開したら]
重力をいかした、いきみやすいポジションで！　→　本能にまかせる！
・肛門を意識して、赤ちゃんが出てくるのをイメージする。
・おなかをのぞき込むように。

　　さぁ、出産！　こんなときは電話を
　　　● 規則的な陣痛（10〜15分おき）
　　　● 破水（温かい液体がタラタラ流れる＝尿とは違う匂いのもの）
　　　● おしるし（血のまざったおりもの）
　　　● そのほか、気になることがあったら

立ち会いについて

●大人の立ち会い「立ち会うも、立ち会わぬも、信頼と祈り」

まりこ 「立ち会う」といっても、
夫や妊婦の家族がアレコレ指し図するように介入するのは、
産む人のリズムを乱してしまうからノーサンキュー。

有砂山 「君が君らしく産めるように！」という祈りを込めて立ち会って、
ゴリッとへその緒を切った感触が家族にリアルに残るのなら、素敵ですね。

まりこ そう。立ち会いも、カタチにこだわらないで！
「立ち会ったからよい」「立ち会わないからダメ」っていうのは、おかしい。

家族が「立ち会うのはしんどい」という気持ちなら、逃げ口上だけど、
お産のときは、自分の殻にこもる感じがするから、
産む本人が「立ち会いはいらない」と野性で感じることもある。
その気持ちを信頼して家で待つのは、
「君が君らしく産めるように！」という祈りに満ちているでしょ？
「立ち会うも、立ち会わぬも、信頼と祈り」なんです。

●子どもの立ち会い「強要しない」

まりこ 子どもには、立ち会いを強要しないで！

大人にしがみついてでも、見たい子は見る。
見るのが嫌で部屋から出ていく子もいる。

子どもの気持ちを無視して大人の都合に合わせると、
お産も子どももギクシャクしますよ。

帝王切開のとき

有砂山　「帝王切開」に決まったときに、自分でできることは？

まりこ　まず、赤ちゃんに声をかけて。

実際に声に出して！

「あなたが出ようとした場所と
違うところから生まれてもらうことになるけれど、
あなたと私は無事会えるから、
どうかビックリしないで！　心配しないで！」って。

本当に声に出すと、赤ちゃんにちゃんと伝わるし、
なにより、自分自身にも声が届いて、気持ちが前向きになれるんです。

帝王切開は
「母子の無事を確保するかけがえのない方法」ということを忘れないで！
場合によっては、手術のとき、
お産の瞬間を心から味わいたいのに医療者の会話が騒がしかったり、
抱っこやおっぱいのタイミングがイメージと違って、
悲しい気持ちになることもあるかもしれません。
医療者として、私は、そんな状況をなくしていきたいと思っています。

どうか……
「自分とていねいに向き合うなら、お産に優劣はない」
ということを思い出して！

温めて、歩いて、感じていたら、
術後の回復、おっぱいの調子は順調ですよ。

帝王切開をした人の声

♣ 振り返ると、もっと真面目に温めて、歩いて、自分を感じればよかったと思う。
とくに産休で気が抜けて、テレビばかり見ていた日々は悔やまれる。
結果は帝王切開だったけれど、子どもが無事生まれ、ホッとした。
でも、「お産、どうだった？」という話になったとき、
「帝王切開」と答えると「この人、自然に産めなかったのか」という視線を感じ、
「自然に産める人」と「自然に産めなかった人」に区別されたようで寂しかった。

(30歳　初産)

♣ 妊娠中、自分でできることはなんでもしたし、
陣痛も順調で子宮口も9センチまで開いたのに、
赤ちゃんのまわり方に問題があり、帝王切開になりました。
そして赤ちゃんが生まれたときは「ありがとう！」と言いました。
実は、自分の職業が助産師なので帝王切開の意味をよくわかっていたけれど、
それでも、産後6ヶ月ぐらいは「自然分娩」できなかった自分がつらかった。
でも、その苦しさがきっかけで「私は、どんな人間なのか？」
自分をじっくり見つめることになりました。
自分のことより、人に気を使ってばかりいた「私」。
帝王切開がなかったら、こんなに自分と向き合ったかな？

(28歳　初産)

お産 **6** おっぱい

楽チンおっぱいで、24時間営業

誕生2時間以内に吸わせる

まりこ 　赤ちゃんが無事生まれたら、
　　　　2時間以内に、できれば30分以内に乳首を吸わせて！

　　　　「産んだばかり」「生まれたばかり」は母子共に
　　　　「産んだぞ～！」「生まれたぞ～！」ってものすごく興奮しているし、
　　　　お母さんからは、絆を深めるホルモンがたっぷり出ているので、
　　　　そういう特別な瞬間に乳首を吸ってもらうと、
　　　　母乳のスイッチがしっかり「ON」になります。

有砂山 　やっぱり、哺乳類なんですね。

まりこ 　そうなの。ここ一番の大舞台です。

　　　　2時間すぎると、母子共に興奮がおさまっちゃうから、
　　　　最初の機会を大切に！

　　　　ちなみに、お乳は最初からピューピュー出ません。
　　　　吸わせることで、おっぱいはつくられるのです。

有砂山 　ぎこちなかろうが、恥ずかしかろうが、とにかく吸わせていると、
　　　　数日後には、当たり前のような顔をして
　　　　ピューピュー出るお乳をあげていますね。

赤ちゃんは3日分の水筒とお弁当を持って生まれてくる

有砂山　えっ？　ピューピューお乳が出るのは数日後？？？
　　　　赤ちゃん、どうなっちゃうの？？？
　　　　と心配になる人もいるかもしれませんが……。

まりこ　安心してください！

　　　　赤ちゃんは3日分の水筒とお弁当を持って生まれてくるんです！

つまり、
なんと赤ちゃんは3日間ほど、
出のよくないお乳を吸っていても大丈夫なように、
体の中で水分と栄養の補給ができるんです。

専門的には「生理的体重減少」といい、
生後数日間の10%以内の体重減少は自然なこと。

たとえば、
3,200gで生まれた赤ちゃんが
生後5日目に3,100gで退院するのは、
なんの問題もないんですよ。

有砂山　生きものって、本当によくできていますね。

約束① 泣いたら吸わせる

有砂山　生まれたての赤ちゃんの要求はとってもシンプルで、
　　　　泣いたら、オシッコ・ウンチかおっぱいですね。

まりこ　つまり、オシッコ・ウンチじゃないのに、
　　　　泣いていたら、おっぱいを吸わせて！
　　　　なぜか、世の中には「おっぱいは３時間おき」という説があるけれど、
　　　　赤ちゃんは、タイマーみたいに３時間に１回、欲しがるわけじゃないんです。

　　　　それぞれの赤ちゃんで違うし、同じ赤ちゃんでも日によって違う。
　　　　だから、時間じゃなくて赤ちゃんの様子で、欲しがるだけ、たっぷりあげて。

　　　　「欲しがるときは、欲しがるまま」
　　　　（「母乳育児を成功させるための10か条」8項目）
　　　　ユニセフ（国際連合児童基金）、WHO（世界保健機関）
　　　　も伝えている大切なこと。

　　　　たまに、ずっと寝ている赤ちゃんがいますが、
　　　　そんなときは「３時間以上、飲んでいないな」と思ったら、あげて。
　　　　でも、一日をトータルで見たとき、ちゃんとたっぷり飲んでいるなら、
　　　　おっぱいをあげる間隔が３時間以上になっても、気にしないで。

　　　　実は、赤ちゃん本人が１日に飲む量をちゃんとわかっているんですよ。

おっぱいのあげ方のポイント

- 赤ちゃんが泣くたびにあげましょう（３時間おきにはなりません）。
- 片方２～３分で、交互に何回吸わせてもいいんですよ。
- おっぱい以外の飲みものは生後６ヶ月までいりません
  （おっぱい以外のものが必要かな？　と思ったら、助産師に相談を）。

約束② 添い寝添い乳

まりこ　イラストのように、赤ちゃんと一緒に
ゴロンと寝転んでお乳をあげる、
これが「添い寝添い乳」です。

妊娠の章の
「産後の暮らし方」でも触れたけど、
生まれたての赤ちゃんは夜行性で、夜中に何度もおっぱいを飲みます。
そのとき、いちいち起きていたら、クタクタになっちゃうでしょ？

でも、添い寝添い乳なら、何回でも大丈夫。
昼も夜も24時間、おっぱいが楽チン！

有砂山　寝ぼけていても平気ですね。

まりこ　そうなのよ。
「寝ぼけて赤ちゃんの上にうっかりのった」という話は
聞いたことがないから、安心して寝ぼけて、おっぱいをあげて。

産後1ヶ月は、母体を回復させるために
昼間もずっと赤ちゃんと一緒にお布団でゴロゴロしてほしいから、
そのときも積極的に添い寝添い乳を。

生後間もない頃の赤ちゃんのお世話のポイント

- 赤ちゃんも下半身を冷やさないように（靴下やズボンをはかせて）。
- オシッコは1日6回以上、ウンチは黄色でピチピチ、ユルユル。
- 沐浴は1日1回（夏は2回でもよい）。
- おヘソがとれて乾いたら大人と同じお風呂でOK
（おヘソがとれる前は、汚れなくなるまで、おヘソの消毒を）。

差し入れは控えてください！

まりこ 「差し入れは控えてください！」と
お祝いに来る家族や友人には、必ず、伝えて。

なぜなら、おいしいおっぱいに禁物なのは、
□ 砂糖のとりすぎ（上白糖は厳禁）
□ 動物性の食品のとりすぎ
□ 生の果物のとりすぎ　　　　　だからです。

つまり、おっぱいになる血液をドロドロにしたり、体を冷やすものは×。
手みやげって、市販の甘いお菓子や果物が多いでしょ？
でも、たいてい市販のお菓子には、
砂糖やバター・卵などの動物性の材料が使われ、
ときには添加物も入っている。
果物も、目の前にあれば、ついつい食べちゃうでしょ？
だから、最初から禁止。最初が肝心！

「おっぱいのため」と説明すれば、わかってもらえます。
自分で言いにくいときは、家族から相手に説明を。
それでも、受け取ってしまったら、

「自分は絶対に口にしない！」を守って。

あえて「絶対」と言いますよ。
「お部屋が乾燥しているから、のど飴どうぞ」って言われても、
マクロビオティックの砂糖不使用レンコン米飴みたいなもの以外は
禁止です。

有砂山 おっぱいも赤ちゃんも正直ですよ（さらに、詳しくは105ページ）。

お産 **7** 産後の暮らし方

幸せを味わうには？

確認：実行してる？

□ 産後1ヶ月（理想は3ヶ月）、家事をしてくれる人がいますか？

まりこ　もし、まだ、誰にも頼んでいないなら、とにかく探して、頼んで！
全面的に助けてもらうのがむずかしかったら、部分的でもかまわないのよ。

有砂山　赤ちゃんのいる暮らしを幸せに感じるか？　環境でガラリと変わる。

まりこ　ぜひ、幸せでいてください。

□ リラックスして添い寝添い乳のできるお布団を
産後3ヶ月「床上げ百日」まで敷きっぱなしにしておいても
気持ちよくすごせる部屋（もしくは空間）で生活していますか？

まりこ　もし、まだだったら、とにかくお布団を敷いて、ゴロンと休んで！

　　　　ベッドは禁物（理由は56ページ）。
個室がむずかしいときは、赤ちゃんや自分がリラックスできるように、
音や明かりに配慮して。くれぐれも、うっかり家事をしないように。

有砂山　産んだ直後は、静かな空間にいると無性にホッとします。

お産 8 メークラブ
触れ合ってホッとする

臨月も、自然にやさしく

有砂山　臨月、メークラブで宿った命が、
　　　　いよいよ外へ飛び出しますね。

　　　　でも、産むことへの不安を感じている妊婦さんもいるかもしれません。

まりこ　そうなの。
　　　　そんなとき、温かく素肌で抱きしめられたらホッとするでしょ？

　　　　触れることで確かめる。
　　　　触れることで安心する。

　　　　それは大人になってもある、生きものとしての感覚です。

　　　　「男性の性器のピストン運動＝セックス」という感覚ではなく、
　　　　「この人が自分のそばにいる」という一体感を心から味わって。

　　　　お産は体でおきること。
　　　　だから、体に触れないほうがおかしい。

　　　　臨月も自然にやさしく、触れ合って。

予定日をすぎたら「お迎え棒」

まりこ　予定日がすぎても、赤ちゃんが生まれそうにないときは、
「お迎え棒」をしてみて。

「お迎え棒」は助産師の間で、昔も今も使われている表現。

つまり、男の人の性器を、女の人の性器にやさしく入れます。

そうすると、
気持ちもリラックスするし、物理的なマッサージになって、
産道がやわらかくなり、
赤ちゃんが生まれてくるお手伝いになるんです。

コンドームはしないで。

精液に含まれるホルモンが陣痛促進剤と同じような働きをし、
さらに産道をやわらかくする働きもします。
天然成分だから違和感がありません。

一滴残らず、いただいて。

ちなみに、
おっぱいもやさしく触れてあげると、
子宮に刺激が伝わり、子宮を収縮させるホルモンが分泌され、
お産をうながしてくれます。

有砂山　本当に赤ちゃんを「お迎え」するんですね。

産んだ直後は「無理」です

有砂山　どう考えても、産んだ直後は……

まりこ　いわゆる「セックス」は、絶対にできない。
　　　　性器は傷ついているし、出血もある。絶対に無理。
　　　　おっぱいも張っていて「お触り」が気持ちいいという感覚はない。
　　　　そもそも赤ちゃんが横にぺったり寝て、おっぱいを吸っています。

　　　　でも、産んだ心、産んだ体をいたわって、触れ合うことはできる。

　　　　赤ちゃんのお世話にすべてを注ぎこんでいると、
　　　　心がスカスカになることもある。
　　　　そんなときに愛情を注ぐようにふっと頭をなでられたら、
　　　　いつも以上に感じるかも。
　　　　産んだ人の足湯をパートナーがしてもいい。
　　　　赤ちゃんに触れるように妻に触れるのは、大歓迎。

有砂山　それは、まぎれもないメークラブですね。

まりこ　そうなの。皮膚と皮膚の触れ合いは産後のうつ予防にもなるのよ！

　　　　ただし、「オレのほうを向いてくれ」という気持ちは禁物。
　　　　産んだ直後は、女の人が男の人になにかを注ぐのは、動物的に無理なんです。

　　　　おっぱいをあげている間も、母子は二人で一人。
　　　　だから、母子を包むように愛情を注いでほしい。
　　　　もしも、この時期にゆるぎない愛情を男の人が女の人に注いだら、
　　　　男の人への信頼は、後で何十倍にもなっていろんなカタチであらわれますよ。

column
お産とアロマテラピー

有砂山 　大切に育てられた自然農法の野菜を食べたときと同じように、
オーガニックの精油を使うと、植物の力に驚きますね。

まりこ 　古来の知恵、アロマテラピーの精油は「植物の血液」といわれ、
生命力に満ちています。
人間が皮膚から吸収すると30秒で血液中にとりこまれて
全身をめぐるから、体の不調に素早く対応できるんですよ。
精油の香りを嗅ぐと生きものとしての力も目覚めます。
リラックスした心と体、サラサラの血液だと効果的。
つまり温めて、歩いて、感じることが大切。
どの香りがいいのか迷ったら、「ラベンダー」と「ティートリー」。
どちらも妊婦さんと赤ちゃんが使えるから、気楽にクンクン嗅いでみて。
「注意すること」にも書いたけれど、くれぐれも高品質な精油を選んで！

ラベンダーは……　穏やかな香りが親しみやすく、以下のように広範囲のケアが可能です。
- **■妊娠中**　●つわり　●胃もたれ　●足のつり　●静脈瘤　●おなかの張り
　●おしものかゆみ　●腰痛　●足のむくみ　●逆子（「ゆるむ・温める」をサポート）
　●不安、緊張　●不眠　●妊娠線の予防　●会陰の準備
　●メークラブ（ロマンティックな気分になりたいとき）　●陣痛
- **■産　後**　●後陣痛　●会陰の痛み　●乳頭の痛み
　●乳腺炎（「楽チンおっぱいになる生活」をしていればならないはずですが……）
　●痔　●むくみ　●マタニティーブルー
- **■赤ちゃん**　●肌のトラブル（おむつかぶれ・皮膚の乾燥・あせも・虫さされなど）
　●夜泣き、かんしゃく、寝つきが悪いとき

ティートリーは……　抗菌力にすぐれ、風邪、インフルエンザ予防にも有効です。
- **■妊娠中**　●おしものかゆみ
- **■産　後**　●会陰の痛み　●乳頭の痛み　●痔
- **■赤ちゃん**　●肌のトラブル（おむつかぶれ・皮膚の乾燥・あせも・虫さされなど）　●せき

[使い方]
- 赤ちゃんは、6ヶ月まで芳香浴のみ！
- 6ヶ月以前にオイル・ミツロウクリームの塗布やマッサージが必要なときも精油は入れない！
  - 芳香浴　ティッシュ、タオル、シーツ、マスクなどに精油1滴をポタリとたらす。
  - 植物油に精油をまぜて皮膚にぬる　乳幼児（注：6ヶ月までは植物油のみ！）、妊婦さんは植物油10mlに対して精油2滴。植物油は食用の「太白胡麻油」が安全性、経済性にすぐれる。化粧用なら、ホホバオイル、アーモンドオイルなど。
  - 温湿布　洗面器のお湯に精油をたらし、タオルで精油をすくいしぼって患部にあてる。
  - 沐浴　足湯、お風呂のお湯に精油を数滴たらす。

[注意すること]
- 妊娠中は使用する種類に気をつけて
  ヒトのホルモンと同じ働きをする成分が含まれた精油があるので、妊娠中は使用する種類に気をつけてください。

妊娠中に使える精油　※一般的な精油の中から抜粋してあります。
- ■ 1〜3ヶ月：植物油のみ
- ■ 4〜6ヶ月：ネロリ、イランイラン、ティートリー、ユーカリ、サンダルウッド、レモン、オレンジ、グレープフルーツ
- ■ 6ヶ月以降：上記の精油、ラベンダー、カモミール
- ■ 臨月：専門家の指導を受けて

- 高品質な精油を使う　100％天然成分、オーガニックのもの、ロット番号で管理されたものは効能も安全性もすぐれる。人工合成香料、ポプリオイルは使わないように。
- 柑橘系の精油は光毒性に気をつけて　柑橘系（レモン、オレンジ、グレープフルーツなど）は光に触れるとピリピリしたり、赤み・かゆみ・しみなどがあらわれることがあるので塗る部分に気をつけて。
- 乳幼児、妊婦さん、お年寄り、治療中の病気のある人、敏感な体質の人は使用量を少なめにして、心身の様子を確かめながら使う
- 目に入らないように注意。
- 精油は引火する可能性があるので火気に注意。
- 酸素や光で変性がおきるのでフタを閉め冷暗所で保存
  （温度差でも劣化するため「常温ならずっと常温」「冷蔵庫ならずっと冷蔵庫」）。

〔指導協力〕助産師　アロマテラピスト　井口直子さん

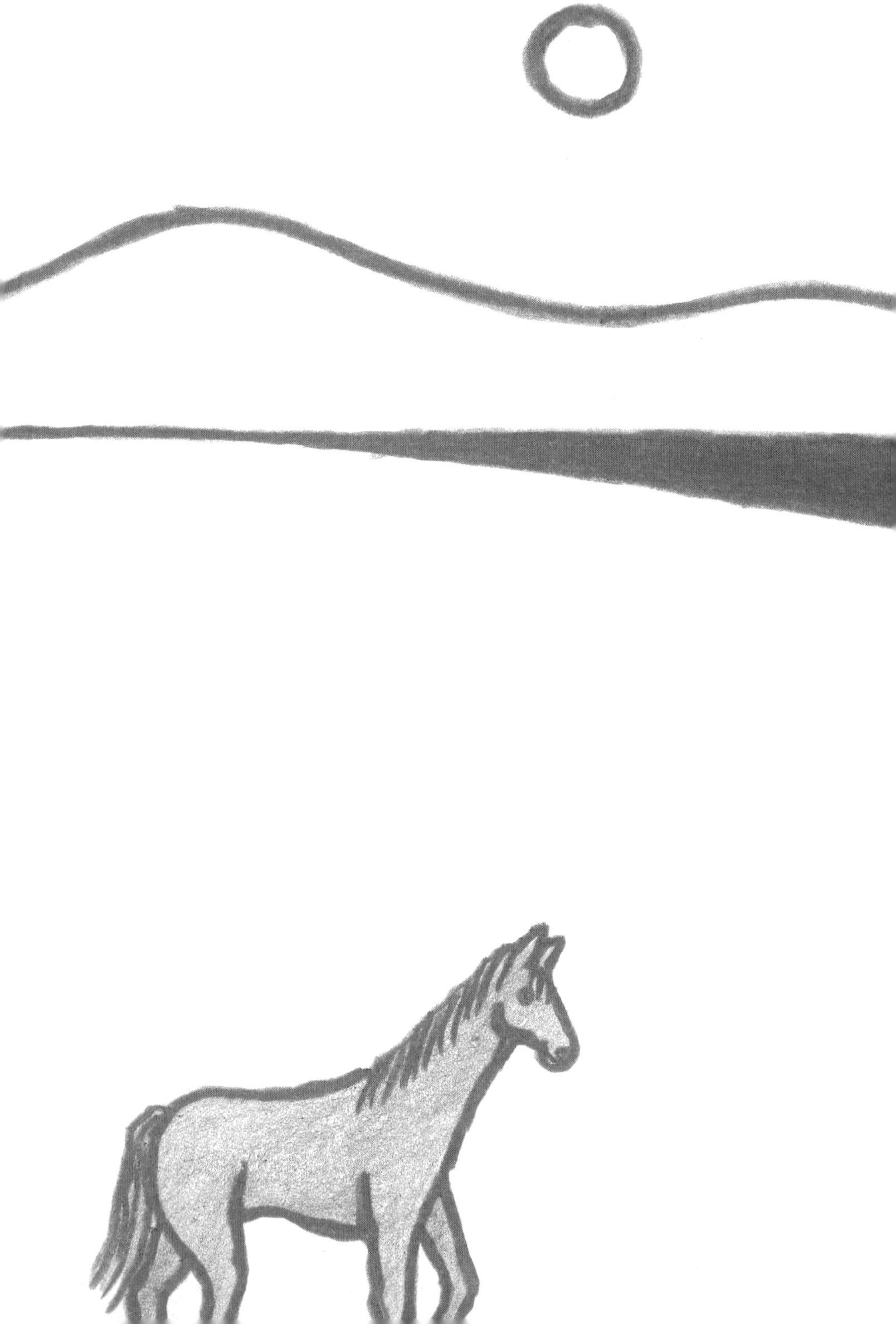

産後

それぞれのリズムで歩き出す時間です。

産後……それぞれのリズムで歩き出す時間です。
100日休んで、自分らしく

有砂山　「生まれた後はなんとかなる！」という表現もありますが……。

まりこ　昔の「産屋(うぶや)」のような習慣※があれば別だけど、現代は工夫が大切。
「全治3ヶ月の骨盤骨折と同じ」と言う人もいるほど、
産んだ直後の体は安静が必要です。
だって約3kgの赤ちゃんが骨盤を通過した後なのよ！

　　　　でも、出産後は興奮するホルモンが出ているから、
腰がグラグラなのに、
ハイな気分で産んだ次の日からいつも通り家事をする人もいる。
本当は、産後のハイな気分は、
夜中におっぱいやおむつ替えをする「赤ちゃんとのハネムーン」に
使ってほしい。
産後のハイな気分を家事に乱用すると、あとで心も体もフラフラ。
そうならない人は、ラッキーな少数派です。
だから、最低1ヶ月間、できれば3ヶ月間、
①「家事の助っ人」を頼む、②添い寝添い乳しながら休む、を実行して。

有砂山　産後100日には「産後の思春期」と言いたいほどの感情の起伏もあって、
ストレートに泣いたり、笑ったり。
赤ちゃんと共に生まれた「次の私」が一人前になるには、時間が必要でした。

まりこ　そう、心も体もなぜか3ヶ月！
「床上げ百日」しっかり休んだら、お産は最高のデトックス。
日頃は使わない全身の機能をいっぺんに使ってポカンと休ませると、
心と体の大掃除になり、シンプルに自分のリズムで歩き出せますよ。

※出産後の母子を隔離する部屋をつくり、母子のお世話を誰かがする習慣。

有砂山の実感　空っぽの子宮をのぞくように

子どもを産み、妊婦の時間が終わります。
でも、まだ、おなかの中には誰かがいるような。でも、いない。
確かに確かに、目の前の子どもは愛おしい、それはまぎれもなく真実。
でも、胎児とすごした時間のほうがまだ長いので
「もう、おなかに命を感じないな」という一種の喪失感があるのです。
すると、空っぽになった子宮をのぞくように
「私ってなんだろう？」とふっと思う。

うっかり、そばにいる人に「私ってなんなのかなぁ？」なんて言うと
「産後ブルーじゃない？」と心配されてしまいますが、
これはきっと「妊婦人生」を全うした証ではないか、と……。
「空っぽ」という感覚は、「次の私」になった証拠だと思います。
だから「私とは誰か？」と自分に聞くのでしょう。

自分らしく生きるには、どうしたらいいの？
まりこさんの教えに従い、赤ちゃんに寄り添い静かに寝転んでいると、
「この子と一緒に私も生き直したい」という気持ちが生まれ、
思春期のように悩みます。
でも、100日がすぎる頃、直感的に思ったことを自分のリズムで
ひとつひとつ実行し始めたのです。哺乳類なのに、なんだか脱皮したみたいです。
この感覚は一生モノ、おばあさんになるまで私を支えてくれる！　そう、思いました。

息子1歳の日、
1年前に夫がつくってくれたお産用の夜食のおにぎりを夫婦で食べました。
あの夜は食べないうちに息子が生まれたので冷凍し、そのままだったのです。
「産後はこれで終わり！」と夫が言いました。確かにお産の日は遠ざかっていく。
でも、心の底をのぞいてみれば、今日も産後とつながっているのです。

　　では、実践に入りましょう！

産後 1 温める

おっぱいが、おいしくなる！

確認：実行してる？

☐ 靴下をはいていますか？

☐ 入浴はシャワーではなく、お風呂にしていますか？
　　（注：悪露が止まるまで入浴はしない　→　積極的に足湯）

☐ 赤ちゃんの喜ぶご飯（18ページ）をいただいていますか？

有砂山　「お産、お疲れさまでした！」と自分をたっぷり温めてあげると、
　　　　気持ちいいですね。

まりこ　そう！　靴下も、半身浴（悪露が止まるまでは足湯）も、ご飯も、続けて。

　　　　「やった！　無事産んだ」と気を抜いて、
　　　　素足で冷たいものをグビグビ飲んで、
　　　　生クリームのケーキ、お肉パクパク、なんてことをすると、
　　　　体も回復しないし、おっぱいもすぐにトラブルが発生。
　　　　自分も赤ちゃんも休むどころか、つらくて泣きますよ。

　　　　しっかり温めたら、おっぱいがおいしくなります！

有砂山　おっぱいや赤ちゃんが正直に答えを出すので、
　　　　妊娠中より、温めるとどうなるか？　手にとるようにわかります。

産後 ②　歩く

のびのびゴロン

産後3ヶ月、歩くかわりにすること

有砂山　妊娠中とはさかさまで、産後3ヶ月はあまり歩かないようにしますね。

まりこ　とくに産後1ヶ月は、とにかく安静に！

　　　　食事とトイレと赤ちゃんのお世話以外は、お布団でのびのびゴロンとして。
　　　　そうすると、お産で使った全身の疲れがとれて、骨盤の位置も元に戻ります。

　　　　その一方で、筋力を回復させるための、ちょっとした工夫も必要。
　　　　でも、特別なサプリメントや下着はいりません。

　　　　うつぶせに寝転んで、う〜っと手足の先をのばしたり、
　　　　授乳をするとき、背筋をのばして正座やあぐらをしたり（方法は次のページ）。
　　　　「お姉さん座り」と呼ばれる横座りは骨盤がゆがむので禁止！

　　　　産後2〜3ヶ月目は、赤ちゃんのお世話に追われるから、
　　　　日常の中で、どれだけ自分の筋力を意識できるか？　がポイントです。
　　　　3ヶ月がすぎたら、また歩いて。

有砂山　しっかり休むと、冬眠から目覚めたようにムズムズして、
　　　　3ヶ月の子どもを抱っこして歩くと、
　　　　ふと妊婦のおなかの重みを思い出し、
　　　　「もう、おなかの外だねぇ」と、しばしのんびりした気分になります。

[方法]

● 寝ながらストレッチ
1 うつぶせになる。
2 太ももをつけねから外側にひねる。
  ももの内側が床につくように。
3 膝をのばす。
4 つま先を外側に「遠くに遠くに」のばす。

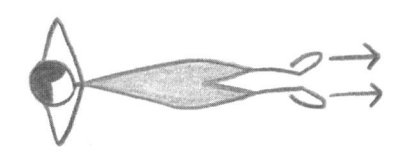

● 骨盤にやさしい座り方
1 骨盤を左右対称にあぐら、または正座。
  「お姉さん座り」は骨盤がゆがむので絶対にしない。
2 仙骨を床に対して垂直に。前後に傾かないように。
3 背すじをのばし、肩は耳より後ろ。
  肩が前にいかないように、背中の筋肉で支える。
4 首すじをのばしてリラックス。
  壁を利用すると、楽にできる。
  授乳時は、赤ちゃんを抱く腕の下にクッションを。

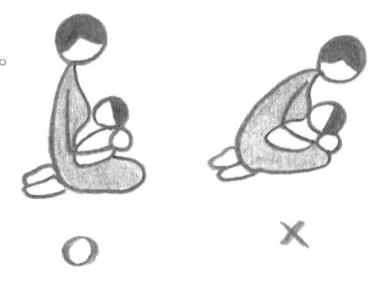

● おむつ替えのポーズ
1 骨盤を左右対称に座る。あぐら。
2 仙骨を床に対して垂直にする。
3 脚のつけねから上半身を前にたおす。
  注：おヘソから倒さない！
    背中は丸めず、まっすぐに！
    脚のつけねのストレッチもしたいときは、
    あぐらではなく脚を開く。

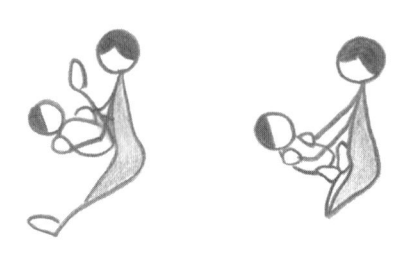

● 腰痛にならない抱き上げ方
1 赤ちゃんを抱っこして膝とつま先をつき、
  かかとの上にお尻をのせ、仙骨を垂直に起こす。
2 上半身が前に倒れないように、
  姿勢をできるだけキープして立ち上がる。

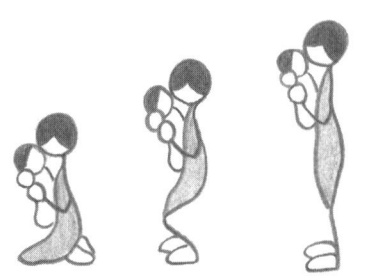

[参考文献]『産後のからだセルフケアハンドブック（1）産後リハビリ篇』
（吉岡マコ、子育て支援グループ amigo、2004）

産後 3 自分を感じる

思春期ですよ！

産後の思春期

有砂山　産後3ヶ月の感情の波の激しさは、まさに「思春期」です。
　　　　何気ない家族の一言にホロッとしたかと思えば、逆にカーッとなったり。

まりこ　でも「子どもを産んで頭がおかしくなったのかな？」って思わないで。

　　　　子宮にいた赤ちゃんが飛び出し、胎盤も出るので、
　　　　子どもを産んだばかりの女性はホルモンのバランスが刻々と変化する。
　　　　生活も、赤ちゃんが加わって一変。だから、心の動きがダイナミック。

　　　　「洗い忘れたお皿が1枚、流しにあった」くらいの小さなことが情けなくて
　　　　オイオイ泣いたかと思えば、「私の人生」について家族に告白したり。
　　　　でも、そうやって自分の感情を素直に出しておくと、
　　　　3ヶ月くらいたって、なんとなくおさまるんです。
　　　　そして、今度は「思春期」に強く感じたことを心にとめながら、
　　　　自分のリズムを大切に暮らせるようになるのよ。

有砂山　子どもから大人になるとき、思春期という時間が必要なように、
　　　　「産む前の自分」が「産んだ後の自分」になるには、時間が必要だった。

　　　　「大なり小なり思春期がくるよ」って
　　　　家族や心の許せる人に伝えておけたらいいですね。

まりこ　そう。一人で抱え込まないで！

罪悪感を持たないで！

まりこ　赤ちゃん中心の生活だからこそ、自分を大切に！
　　　　こう言うと、「自己中心は嫌だ」と言う人がいるけれど……。

　　　　赤ちゃんのお世話でキリキリして自分を見失うくらいなら、
　　　　赤ちゃんを誰かにあずけて１時間でも自分の時間をつくってみて。
　　　　おっぱいケアを受けたり、美容室に行ったり、散歩したり。
　　　　赤ちゃんだって１時間後に自分を取り戻したお母さんに会うほうがいい。

　　　　今、どんな感じ？
　　　　産後も、自分を見つめることを忘れないで！

有砂山　赤ちゃんは永遠に赤ちゃんのままではない。
　　　　そんな当たり前のことさえ忘れるほど忙しいから、
　　　　お風呂の中でも一人になると、ふっと我に返りますね。

まりこ　そうそう。忙しいからこそ、罪悪感を持たずにリラックスして！

　　　　気分転換に母子で外出して、誰かに会ってもいいのよ。

有砂山　赤ちゃんは孤独が苦手で、誰かと一緒だと魔法をかけたみたいにご機嫌。
　　　　自分も、ひとりぼっちで小さな命を守る緊張感から解放されて
　　　　「信頼できる集落」にたどりついた旅人みたいにホッとします。

まりこ　そうなの。産後１ヶ月がすぎたら、
　　　　心から楽しいと思えるところに積極的に行ってみて！
　　　　外出した後、自分のリズムが見えますよ。

社会のリズムに合わせるときは？

有砂山　育休という社会の枠組みの中で産後の生活を送る人の中には、

「1人目のとき、規程通り育休をとったら職場の風当たりが強くて、
2人目の産後は早めに仕事を始めるから、
母乳を楽しんだり、自分のリズムを大切にするのは、むずかしいなぁ」

という人もいました。

自分のリズムより、社会のリズムに合わせるとき、
自分自身で、できることはありますか？

まりこ　実は、仕事を優先した人、子育てを優先した人、どっちの人にも
「かなえたこと」「かなえられなかったこと」があるのね。

気をつけなくちゃいけないのは、問題をすりかえること。
「仕事のことで頭がいっぱいで、母乳を楽しめない」とか、
「産院の母乳サークルの雰囲気が苦手だ」と思っているのに
「母乳を指導する産院が遠いから、母乳を楽しめない」と言ってしまったら、
自分の気持ちから逃げている。

自分が本当に感じていることは、なに？
社会のリズムに合わせるときも、自分をはぐらかさないで、感じてあげて！
ときには、インナーチャイルドに会ってみたり（31ページ）、
お産の振り返りと同じように、
正直な気持ちを紙に書き出してみて（103ページ）。
そうすると、これまでの自分の生き方が見え、
そして、これから、どんな生き方をしたいのか？　見えてくるはず。
そうすると、社会のリズムに合わせていても、
だんだん自分のリズムを見失わずに暮らせるようになるのよ。

産後 4 季節を感じる

赤ちゃんだってオオカミ男？

確認：実行してる？

☐ エアコンはほどほどにしていますか？

まりこ　赤ちゃんは野性に満ちているから、エアコンは上手に使って、赤ちゃんと気持ちよく季節を味わって！

☐ 月や太陽を感じていますか？

有砂山　「ニンニクを食べておっぱいをあげたわけでもないのに、なんで今日は赤ちゃんがこんなに興奮しているの？」というような日、空を見ると、
　　　　お天気がくずれそうになっていたり、満月が近かったり。

　　　　お天気や月・太陽のめぐりが心と体に影響するという話を信じるか？人それぞれではありますが、
　　　　うちの息子は、オオカミ男？　って思うことがあります。

まりこ　そうそう。育児はエンドレスだから、自然を感じながら気長に。

　　　　ときに説明しがたい赤ちゃんの様子を自然界の流れの中でとらえると、不思議と気持ちが楽になりますよ！

産後 ⑤ お産のこと

モヤモヤはダイヤモンド

お産の記憶は「私のお守り」

有砂山　なぜか、産んだときのことって心にひっかかります。

まりこ　そう！　お産って自分の感覚に正直になるから、
　　　　心地よかったこと、苦しかったこと、説明しがたいこと、
　　　　そのどれもが人生の道しるべになるのよ。

　　　　産んだ直後、1ヶ月後、3ヶ月後、1年後、だいぶたった後。
　　　　ずっと覚えている感覚もあれば、逆に後で思い出す感覚もある。

　　　　モヤモヤした気持ちがいっぱいあるなら、一度、紙に書き出して。
　　　　誰かに見せるわけじゃないから、なにを書いてもいい！
　　　　「友だちは、お産は面白かったって言うけど、私はちっとも楽しくなかった！」
　　　　「あの日の夫の態度が、未だに許せない」
　　　　「違うポーズで産みたいってどうして言えなかった？」などなど。
　　　　今は、どう感じるか？
　　　　振り返ると、自分の性格や生き方がスッと見えるはず。
　　　　もし、自分の生き方に影響を与えた親に対して
　　　　モヤモヤした感情が芽生えたら、思い切って、正直な気持ちをぶつけてみて。
　　　　親子関係はリセットボタンがきくから、何回ぶつかってもいいのよ！
　　　　自分はなにを求めているのか？
　　　　隠さずに表現していくと、自分の生き方のテーマが見えるんです。
　　　　自分のモヤモヤって見つめる価値があるのよ！

有砂山　モヤモヤはダイヤモンド。お産の記憶は「私のお守り」ですね。

産後 ⑥ おっぱい

卒乳までおっぱい生活を楽しむ方法

確認：楽チンおっぱいになる生活ですか？

●おっぱいのあげ方

☐ 赤ちゃんがおっぱいを欲しがるときは、いつでもたっぷりあげていますか？
☐ 眠るときは、添い寝添い乳をしていますか？

まりこ　授乳は、親子の絆も深まるし、
　　　　赤ちゃんの免疫力アップやお母さんの体調の安定にも役立って、
　　　　いいことづくし。
　　　　体に負担をかけないスタイルで、母子でおっぱいを哺乳類らしく楽しんで！

●おいしいおっぱいのために

☐ 靴下をはいていますか？
☐ 入浴は、シャワーではなくお風呂に入っていますか？
☐ 赤ちゃんの喜ぶご飯（18ページ）をいただいていますか？
☐ 今日はどんな感じか？　自分自身にたずねていますか？
☐ エアコンはほどほどにしていますか？

まりこ　冷えた体は、冷たくてかたいおっぱいにつながります。
　　　　ベジタリアンになる必要はないけれど、動物性の食品はほどほどにすると、
　　　　血液がサラサラになり、おっぱいのトラブルがないのよ。
　　　　ストレスもおっぱいによくありません。
　　　　心の声を聞きながら、季節を感じてリラックスする時間を大切に。

自分のおっぱいと赤ちゃんの様子を観察しよう

有砂山　赤ちゃんもおっぱいも、びっくりするくらい正直ですね。

まりこ　だから、毎日、よ〜く観察してください！

●自分のおっぱいを観察しよう

- 張らなくても出るのが理想のおっぱい。
- 以下の症状があるときは、すぐに助産師に相談を。
  - □ おっぱいがかたい　□ 乳首が痛い　□ 乳首の先が切れた　など

まりこ　乳首からポタポタ流れるときは、タンパク質をとりすぎていないか？
　　　　食生活を見直して。

　　　　おっぱいが張るときに無理にしぼると、乳首の「天然の蛇口」が壊れます。
　　　　搾乳器は禁物。

　　　　張ってつらいときは、勝手にしぼらずに助産師のケアを受けて！

●赤ちゃんを観察しよう

- おいしいおっぱいのときは、目を開いてニコニコします。
- 冷たいおっぱい、おいしくないおっぱいだと……
  - □ 噛む　□ イヤイヤ　□ もじもじ　□ 飲みながらぶつぶつ言う
  - □ 湿疹　□ 泣きぐずり　□ 目やに、鼻くそ　　など

まりこ　甘いもの、脂っこいものを食べすぎたり、
　　　　体を冷やすと、
　　　　赤ちゃんの態度にすぐあらわれますよ。

乳腺炎になってしまったら

有砂山　気をつけていたつもりなのに、乳腺炎になってしまったら？

まりこ　乳腺炎は「前兆」で気づいたほうが楽！
　　　　以下の①②に思い当たったら、すぐに「自分でできる手当法」をして。
　　　　この手当法は、医療機関がお休みで、すぐにケアを受けられないときも、
　　　　症状の改善に役立ちます。でも、必ず専門家のケアを受けて。

　　　　それから、楽しいことをたくさんしてください。
　　　　楽しい気持ちは「治る力」を高めます。乳腺炎の予防にもなるんです。

●乳腺炎の症状とは？

- 急性だと……　☐ お乳が張る　☐ お乳が痛い！　☐ 高熱

- 急性の前兆や、慢性（ゆっくり進む乳腺炎）の特徴は……
①母　　　　　☐ 乳首の先が白くなる　☐ お乳の奥が筋肉痛のようにだるい
　　　　　　　☐ 肩甲骨の辺りがこる
②赤ちゃん　　☐ 乳首を噛む　☐ 乳首をひっぱって飲む
　　　　　　　☐ 飲みながらぶつぶつ言う
　　　　　　　☐ 飲みながらもじもじ動く、叩く、爪を立てる

> 自分でできる手当法
> 1　食事をおかゆと梅干しにする（1食でも、2食でも。程度によっては1日）。
> 　　飲みものは白湯。
> 2　熱めのお湯で足湯をする（足湯後は、必ず靴下を重ねてはく）。
> 　　腰、下腹部、肩甲骨に簡易カイロを貼る。
> 3　気の進まないおつきあいは断る（乳腺炎の悪化の要因のひとつはストレス）。

月齢別よくある質問

●よくある質問：3〜4ヶ月

Q おっぱいだけじゃなくて、そろそろ果汁をあげようかな？
粉ミルクをあげようかな？

まりこ　果汁は必要ありません。
WHOも生後6ヶ月までは母乳（医学的に必要な場合は人工乳）以外、
与えないことを勧めています。
粉ミルクをあげる前に、本当に必要か？　必ず助産師に相談を。

Q おっぱいが張らないから、あまりお乳が出ていないのでは？

まりこ　張らなくてもよく出るのが、理想的なおっぱいですよ！

Q 3時間経たないうちに、よく泣くけれど、大丈夫？

まりこ　赤ちゃんは3時間おきに母乳を欲しがるわけじゃないから、
安心して！（83ページ）

●よくある質問：6〜7ヶ月

Q 歯が生えてきたから、母乳をやめようかな？

まりこ　1歳半頃（歩いて物をつかむ頃＝原始的に自分で食べものを探す力がつく頃）
までは、母乳は赤ちゃんにとって大切な食事。母乳はぜひ、続けて！

Q 歯で噛まれて、おっぱいあげるのがつらくなってきたから、やめようかな？

まりこ　歯があっても、おいしいおっぱいなら、
赤ちゃんはおっぱいを噛みながら飲むことはしません。

噛むのは、おっぱいの調子が悪いサイン。生活を確認して（96ページ）。
できれば、おっぱいマッサージを受けて。気持ちいいですよ！

Q 離乳食はいつから始めたらいいの？
　6ヶ月になったらすぐ始めなくちゃいけないの？

まりこ　6ヶ月というのは、目安。
　　　　よだれが増え、大人の食事をまねて口をモグモグするような、
　　　　食べたそうな素振りをするようになったら、
　　　　「ちょっと、つまんでみる？」という感じで、
　　　　肩ひじ張らずにスタートするのが離乳食の理想です。
　　　　「6ヶ月になったその日からスタート」という情報に振りまわされないで。
　　　　1歳で初めておっぱい以外のものを口にする赤ちゃんもいます。
　　　　一生おっぱいを飲んでいるわけじゃありません。あせらないで！

Q 離乳食は、どうやってつくるの？

まりこ　わざわざつくらなくていいのよ！
　　　　そして、買わないで！　添加物が入っている場合が多いんです。

　　　　親鳥のように大人の食べるご飯粒をカミカミしてあげることから始めて。
　　　　それがちょっと嫌なら、ご飯粒をすり鉢や麺棒でつぶしてあげてもいい。
　　　　おかゆをつくりたかったら、
　　　　炊飯器の「おかゆコース」はもちろん、普通の炊き方でも、
　　　　お米数粒と水を入れたおちょこ、もしくは湯飲みくらいの耐熱カップを
　　　　入れれば、赤ちゃんの分だけ簡単におかゆがつくれます（図）。
　　　　離乳食はムース状で味付けなしというイメージがあるけれど
　　　　「ドロドロが苦手で固形（やわらかいご飯粒や小さく切った蒸し芋）が好き」
　　　　「ほのかな塩味が好き」という赤ちゃんもいます。
　　　　いろいろ試してみて。

野菜の離乳食も大人用の汁物の
具や付け合わせの温野菜を
つぶしてあげれば、
わざわざ「赤ちゃん用」を
準備する必要はありません。

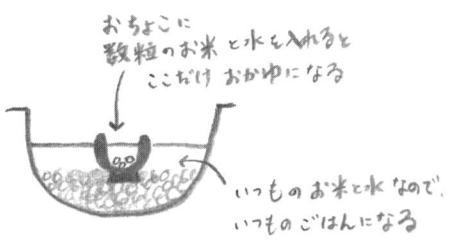

おちょこに
数粒のお米と水を入れると
ここだけおかゆになる

いつものお米と水なので、
いつものごはんになる

●よくある質問：9〜10ヶ月

Q 赤ちゃんがご飯をいっぱい食べるから、おっぱいはやめようかな？

まりこ　おっぱいを欲しがらず、ご飯ばっかり食べるのは、
　　　　おっぱいの調子が悪いとき。
　　　　お母さんの食事を見直して、一度、丸一日、おかゆと梅干しにして！
　　　　できれば、助産師のマッサージを受けて、おいしいおっぱいに。
　　　　くりかえしますが、
　　　　1歳半頃（歩いて物をつかむ頃＝原始的に自分で食べものを探す力がつく頃）までは、母乳は赤ちゃんにとって大切な食事。母乳はぜひ、続けて！

●よくある質問：1歳

Q まわりの人から、そろそろおっぱいやめたら？　って言われるけど……？

まりこ　あごの発育、腸内細菌の問題などから、
　　　　1歳半までは、おっぱいを続けましょう。
　　　　「おっぱいが薄くて栄養がない」ということは、ありません。

●よくある質問：1歳半

Q 1歳半になったら、すぐに卒乳するの？

まりこ　赤ちゃんがしっかり歩いて物をつかめていたら（原始的に自分で食べものを探す力がついたら）、おっぱいを卒業してもいい時期ですね。
　　　　卒乳のタイミングは、春か秋がいいです。
　　　　風邪をひきやすい夏と冬は避けましょう。→　卒乳の方法（112ページ）

Q まだ、やめられそうにないんだけど……？

まりこ　無理にやめる必要はありません。親子でよく話し合って決めましょう。
　　　　目を見て話すと、赤ちゃんも全身で答えてくれます。しっかり話し合って！
　　　　やがて本能的に「もう、いいかなぁ」って感じる日が必ず来ます。
　　　　一生、おっぱいを吸い続ける人間はいませんから、あせらないで！

仕事のある人へ

有砂山　世の中には、「仕事に復帰する＝卒乳」あるいは
　　　　「保育園＝母乳を持って行く」という考え方がありますね。

まりこ　でも、実は、どちらの方法も、母も子もつらいのよ。
　　　　1歳半になる前に卒乳すると、赤ちゃんは寂しいし、免疫力も弱まる。
　　　　母だって仕事を再開して必死なときに
　　　　「家での離乳食」に気を使ってクタクタ。
　　　　そうかといって家事、仕事に加え、お乳をしぼっていたら、
　　　　やっぱりヘトヘト。

　　　　じゃあ、どうすればいいのかというと、
　　　　「家ではおっぱい、保育園では離乳食（あるいはミルク）」なら楽チンです。
　　　　オール母乳で挫折するより、混合で母乳を続けて！
　　　　大切なのは、1歳半すぎまで母乳を飲み続けること。
　　　　保育園は集団生活だから体調をくずしやすくなるけれど、
　　　　そんなときもおっぱいが赤ちゃんの食欲や免疫力を支え、
　　　　心のよりどころになる。
　　　　もしも「うちの子にはアレルギーが……」というように、
　　　　混合母乳がむずかしいときは、仕事へ復帰するタイミングをよく考えて。

　　　　「家ではおっぱい」にすると、「家での離乳食」に悩みません。
　　　　おっぱいは完璧なご飯だし、離乳食は保育園で慣れてくれるから
　　　　「家ではおっぱい」が仕事と育児の両立を助けてくれます。

　　　　「家ではおっぱい」にきりかえるのに、特別な準備はいりません。
　　　　最初の1週間は圧抜き（次ページ）が必要ですが、
　　　　おっぱいは賢いので1週間もすると張らなくなります。
　　　　赤ちゃんも賢いので「家ではおっぱい」を楽しみにするようになります。
　　　　次の「仕事に復帰するときのポイント」を読んでみて。

仕事に復帰するときのポイント

■1週間前になったら
母：動物性のものや甘いものを控え、軽めの食事。おっぱいが張りにくい状態に。
子：いつも通り
　　注）おっぱいの回数を減らす必要はありませんよ！

■復帰の当日～1週間目
母：1　保育園にでかける直前にたっぷり、おっぱいを飲んでもらう。
　　2　昼間は3時間に1回ぐらい圧抜き
　　　（おっぱいを自分の両腕ではさみ、
　　　お乳をポタポタたらす）を
　　　母乳パッドがしっとりするくらいする。
　　　ただし、張らなければ、
　　　圧抜きしなくてもよい。
　　3　おっぱいを張りにくくするため
　　　職場の「おやつ」には参加しない。
　　4　お迎えに行ったとき、たっぷり飲ませる。
子：保育園ではミルク、または離乳食。家では、いつも通り。
　　注1）絶対にしぼりすぎないで。母乳は血液なのでしぼりすぎると貧血になります。また、おっぱいが「しぼられる」のを待つようになってしまいます。しぼった母乳を持って行く必要はありません。ヘトヘトになりますよ。
　　注2）保育園には「新しい環境に慣れるまで、あまり離乳食（ミルク）を欲しがらないかもしれませんが、欲しがる分だけでかまいません！　親としては心配していません。泣いてご迷惑をおかけしたらすみません！」と明るく伝えると、たいていの先生は安心してくださいます。子どもが慣れるのは時間の問題ですよ。

■復帰の1週間後ぐらい～卒乳まで
母：1　おっぱいが張らなくなり、圧抜きの必要がなくなります。
　　2　家では、おっぱい。1歳半から2歳を目標におっぱいを続けましょう。
　　3　「おいしいおっぱいになる生活」（104ページ）を続け、
　　　時々、おっぱいケアを受ける。
子：保育園では、離乳食（またはミルク）。
　　家では、いつも通り。「家に帰ったら、おっぱいがもらえる」のが喜びに。

卒乳について

まりこ 「やめる」と親子で決めたら、次のことに気をつけて！

●準　備

1週間前から粗食にする。[　　月　　　日]
「最後においしいおっぱいをあげるため」
「卒乳後、張っているとき、乳腺炎にならずに楽におっぱいを止めるため」に粗食※に。
※動物性の食品、果物、砂糖は控え、根菜や豆類の味噌汁や煮物、おかゆ、梅干しなど。

「○○の日におっぱいバイバイしようね」と赤ちゃんに説明する。[　　月　　　日]
赤ちゃんは大人の言葉を感じているから、はぐらかさずにきちんと説明します。
「やめるとき」についても、カレンダーに印をつけ、
具体的に「お父さんの次のお休みの日に」
「○○チャンが○歳○ヶ月になった日にしようね」と伝えます。
卒乳の日の決め方：赤ちゃんの気持ちに最大限応えるため、父親や祖父母など、
赤ちゃんにとって身近な人がいる日を選ぶ。風邪をひきやすい夏と冬は避ける。

●やめる日がきたら

「飲んで〜！」と追いかけてでもたっぷりあげる。時間は午後がよい。[　　月　　　日]
最後のおっぱい。「これで大丈夫！」と直感的に思えるような、温かい時間に。
午後だと、赤ちゃんの気持ちをまぎらわす時間が短くなり、赤ちゃんも大人も楽。
「おっぱい、バイバイね」と声をかけ、バイバイをさせて、それを最後にします。
泣いても与えません。
「お別れ」をはっきりするのが大切。おっぱいに絵を描いてさようならをする人も。
おっぱいを欲しがったら、番茶と一口大のおにぎりを好きなだけあげる。
お菓子ではなく、「おにぎり」がおっぱいのかわりに。たっぷり用意して、夜も枕元に。
抱っこしたり、遊んだり、おっぱいの回数と同じくらい触れ合う。
家事も抱っこや遊びも、父親や祖父母など身近な大人に最大限、協力してもらう。

●母は……！

母は、粗食を続けます。
やめると、おっぱいがどんどん張ってきます。
「もう、おっぱいはあげないんだから」とアレコレ食べると、乳腺炎になります。
[乳腺炎になってしまうと……]
・ひどいときは、卒乳のやり直しです。
　赤ちゃんに吸ってもらって手当てしなくてはならないこともあります。
　大人の都合で、赤ちゃんにつらい思いをさせてしまいますよ。

おっぱいは張りますが、丸3日間はしぼらないで。
しぼると張りが続き、しこりができて、手当てがむずかしくなります。

[つらいとき]
・キャベツ湿布、里芋湿布などでおっぱいの熱をとる。
・それでも、つらいときは、おっぱいを両脇から押し上げてポタポタとたらす
　（図　→　111ページ）。
　キャベツ湿布：キャベツの葉っぱ（できれば無農薬）を洗って、ブラジャーのパッドのような
　　カタチにちぎり、おっぱいにあてる。使った葉は、食べない。
　里芋湿布：里芋粉（自然食品店にあります）100gぐらいを白玉だんごをつくる要領で耳たぶ
　　ぐらいのかたさに水で練り、直径15cmぐらい（おっぱいをおおうぐらい）にのばしガーゼ
　　にはさむ。乳首を出すために真ん中をナイフで×に切っておっぱいにあてる。里芋粉がゴワ
　　ゴワになったらとりかえる。使った粉は、食べない。

4日目に少ししぼります。[　　月　　　日]
医療機関や助産師のおっぱいケアを頼む。

1週間後に全部しぼります。[　　月　　　日]
医療機関や助産師のおっぱいケアを頼む。

2週間後にマッサージをして、止まっているか、確かめます。[　　月　　　日]
医療機関や助産師のおっぱいケアを頼む。

問題がなければ、卒乳おめでとう！

おっぱいと生理

有砂山　産後の生理の始まり方は、実は、おっぱいと関係していますね。

まりこ　そうなんです。おっぱいも生理も血液。
だから自分の血液が「おっぱい用」と「自分を生かす用」に
すべて使われると、授乳中に生理はありません。
卒乳すると「おっぱい用」が「生理用」になります。
卒乳したとき、おっぱいケアを受けるとほぼ1ヶ月後に生理が再開します。
ケアを受けて1ヶ月がすぎたのに生理がこないのは、血液が足りない証拠。
青魚や黒豆など血液を増やすものを食べて。

もし、授乳中に生理になったら「おっぱい黄色信号」ですよ！
「自分の血液 −（おっぱい用＋自分を生かす用）＝ 0」にならず、
血が余っている。
これは「たまり乳」「あふれ乳」といい、鮮度の古いお乳が出ているサイン。
赤ちゃんには新鮮なお乳をあげたいでしょ？
だから、おっぱいケアで古いお乳を掃除して、
甘いもの、動物性のものを食べすぎていないか、食事を見直して。
授乳中の初めての生理なら、おっぱいケアと食事の改善で、
生理は止まります。
でも、授乳中に何回も生理があると、「排卵するぞ」というホルモンが
「おっぱい出すぞ」というホルモンより優位に立つサイクルができ、
くりかえし生理になってしまいます。

ちなみに、子どもが1歳ぐらいになって、おっぱいを飲む量が減ると、
「たまり乳」ではなくても、血液に余裕が出て生理がくる場合もあります。
グビグビお乳を飲む子どもなら、授乳を3歳まで続けても生理がありません。

というわけで、おっぱいをあげている間、生理がないのは自然なこと。
「ホルモン剤で生理をうながす」など、人工的な行為は必要ありませんよ。

産後 **7** 産後の暮らし方

「床上げ百日」を守ると、不思議なことが……

くりかえし確認：実行してる？

☐ 産後1ヶ月（理想は3ヶ月）、家事をしてくれる人がいますか？
☐ 産後2ヶ月〜3ヶ月、腰に負担のかかることは、誰かに頼んでいますか？

まりこ　産後3ヶ月間に無理をすると、
　　　　その後、心と体が悲鳴をあげることが少なくありません。
　　　　忘れた頃に「あれっ、おかしいな」と苦しむのはつらいでしょ？

　　　　自分という命を赤ちゃんと同じように大切にすることを忘れないで！
　　　　全面的に助けてもらうのがむずかしいなら、部分的だっていいんですよ。

☐ リラックスして添い寝添い乳のできるお布団を
　産後3ヶ月「床上げ百日」まで敷きっぱなしにしておいても
　気持ちよくすごせる部屋（もしくは空間）で生活していますか？

☐ 産後3ヶ月すぎても、夜はお布団で添い寝添い乳をしていますか？

まりこ　「床に近い生活」をすると、赤ちゃんがリラックスしてくれます。

有砂山　赤ちゃんの感覚に寄り添うと大人も楽でした。
　　　　そしてゴロゴロしていると、
　　　　100日がすぎる頃、不思議なことに、自分の心も体も、
　　　　産む前より強くなっている。
　　　　哺乳類なのに、なんだか脱皮したみたい！　なんです。

産後 **8** メークラブ

愛しています。でも「哺乳中」だから!?

産後3ヶ月すぎても、注意すること
(「産んだ直後」については、89ページを見てください。)

まりこ 　産後3ヶ月がすぎると、かなり体も回復し、赤ちゃんとの生活にも慣れ、メークラブもアプローチを工夫すれば可能です。

ただし、次のことに気をつけて。

- 会陰切開した人はオマタに違和感があるはず。
  くれぐれもしっかり治ってから触れ合って。
- 次の妊娠について、夫婦でよく話し合って。
  母体の負担や授乳中の子どもの気持ちを考え、年子は避けて。
- 授乳中は基本的に生理はありませんが (114ページ)、
  現代人は「栄養たっぷり」でホルモンが分泌されやすく、
  いつ排卵があってもおかしくない人が多いので、
  「性器の挿入」はきちんと避妊をして。
- 避妊の方法は、おっぱいをあげているので、コンドームだけです。
  授乳中、女性の性器は潤いません。
  コンドームだけだと痛いので潤滑油を使って。
- でも、産後半年は「触れ合い」のメークラブが心も体も気持ちいいはず。

有砂山 　といっても、全然、「その気」になれない女性も少なくないのです。
そのわけは？　次のページを読んでみてください。

「哺乳中」だから

まりこ 　実は、産後3ヶ月頃の女性はたいていメークラブに興味がわかない。
　　　　でも、それは哺乳類として自然。

　　　　だって「哺乳中」なんです。

　　　　人間以外の哺乳類は、赤ちゃんにおっぱいをあげている期間、
　　　　次の子づくりに励むことはない。

　　　　だから、人間も子育てに精一杯でも、おかしくないんです。

　　　　でも、その一方で、妊娠の章でも伝えたように、
　　　　人間にとってメークラブはコミュニケーションのひとつ。
　　　　だから、実際に産んでいない男の人が
　　　　ご無沙汰しているコミュニケーションを
　　　　そろそろ再開したいと思うことも、これまた自然なんです。

有砂山 　二つの自然な欲求が噛み合わない。
　　　　これが、人類の現実なんですね。

　　　　お互いの「したくない」「したい」という気持ちが
　　　　個人的なものじゃなくて、
　　　　「人類共通！」ということを知っておく必要がありますね。

まりこ 　だから、二つの自然な欲求の話をパートナーに伝えて。
　　　　そうじゃないと、愛し合っているのに、二人とも別々に悶々としてしまう。

　　　　話すことで、自分のリズムも相手のリズムも大切にできますよ。

産後6ヶ月すぎたら

有砂山　核家族だと、赤ちゃんのお世話と家事に追われ、
　　　　夫との会話も業務連絡みたいになって
　　　　「メークラブするくらいなら、お互い1分でも多く眠ろう」
　　　　というようなチームメイト感覚だけの日々になりますね。

まりこ　それでも、男の人が女の人をメークラブに誘いたいと思ったら、
　　　　ポイントのひとつは家事です。
　　　　朝、「おはよう」と声をかけ、家事をたくさん手伝うところから
　　　　「前戯」が始まる。

　　　　つまり、女の人が心も体もリラックスできる時間を物理的につくる。
　　　　自分で手伝えないなら、ヘルパーさんを頼んでもいい
　　　　（肉親は人間関係に注意。かえってメークラブへの道を険しくします）。

　　　　誠心誠意を尽くして「君にその気になってもらいたい！」と態度で示す、
　　　　そんな男のいじらしさを女が感じる。それくらい手伝うと、
　　　　女の人は「今日はいつもと違う」「触れ合いたい」という気持ちにもなる。

　　　　「いく」「いかせる」という感覚ではなく、
　　　　触れ合うことで満たされるメークラブをすると
　　　　ホルモンのバランスも整い、女の人が優しくなります。
　　　　女の人がホッとすること、満たされることで男の人が得る満足は、
　　　　女の人を抑圧して男の人が得る満足より、ずっとずっと大きい。
　　　　それは、女の人たちが私にそっと教えてくれる事後報告で明らかですよ。

　　　　女も男も満たされる。6ヶ月すぎたら、そんな平和な時間を楽しんで！

column

まりこさんの本棚

とっておきの、野生動物に近づくための本です。

梅﨑和子の陰陽重ね煮クッキング
からだにやさしい養生レシピ
梅﨑和子

陰陽調和料理を初めてする人にぴったり。毎日作って食べて！

（農文協、2002）

菜菜スイーツ
卵・乳製品・砂糖なし
野菜がお菓子に大変身
カノウユミコ

安心して食べられるスイーツがとっても簡単に作れますよ。

（柴田書店、2006）

新版 万病を治す冷えとり健康法
進藤義晴

本当は、少女時代から温めてほしいのよ！

（農文協、2000）

自己治癒力を高める医療
病気になるプロセスに寄り添う
小西康弘

健康な体を手に入れるには、心が大事！目からウロコです。

（創元社、2014）

自然流育児教室
薬に頼らない子育てをはじめてみませんか
真弓定夫

自然に寄り添う生き方ってどういうこと？必読の一冊。

（ファーブル館、2000）

バース・リボーン
よみがえる出産
ミシェル・オダン

野性で産む！私のお産観を変えた本です。

（現代書館、1991）

あなたにもできる母乳育児
子どもの自然抵抗力を高める食生活シリーズ⑤
お母さんが働いても大丈夫
山西みな子

付録の手当法がとっても便利。長男のとき、バイブルでした。

（食べもの通信社、1998）

夫婦で読むセックスの本
堀口貞夫・堀口雅子

お互いなかなか言えない気持ちがわかる。パートナーと読んで。

（日本放送出版協会、2008）

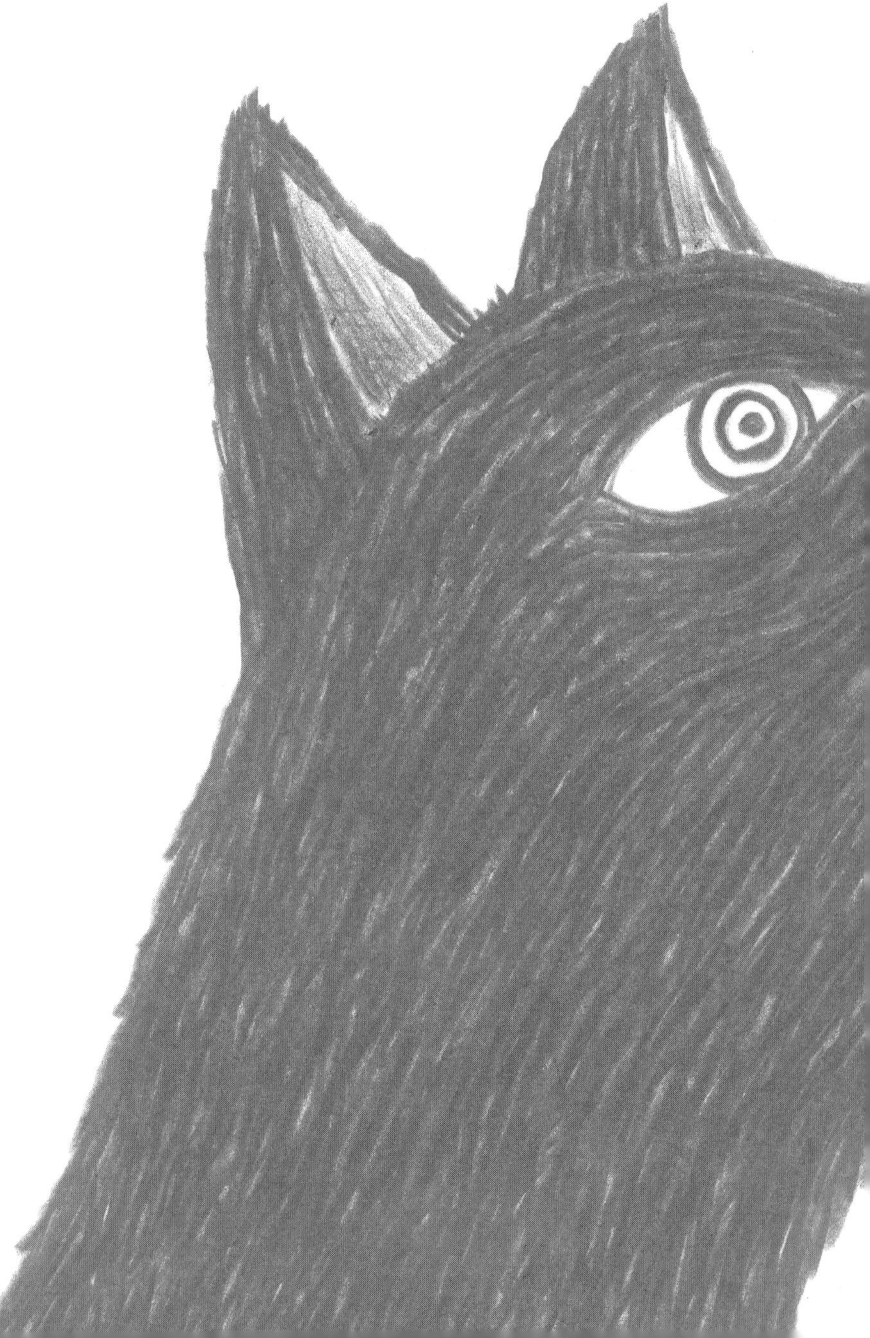

父になる人へ

原始のリズムに寄り添う時間です。

父になる人へ　原始のリズムに寄り添う時間です。

有砂山　父になる。母になる。
　　　　でも、肉体的な変化を味わえるのは女の人だけ。
　　　　それをひたすら見守るのは、きっとしんどいときもありますね。

まりこ　そうね。妊娠・お産・産後は原始的な感覚に日々目覚めるから、
　　　　昨日まで長々とテレビを見てエアコンをガンガン使っていた人が
　　　　「テレビがうるさい」「エアコンのスイッチ切って」などと言うかもしれない。
　　　　そばにいる家族としては「？？？」ってなりますよね。

有砂山　でも「妊娠する前はこんな人間じゃなかった」と思わずに
　　　　「哺乳類のメスとして目覚めたな」と思ってもらえたら、
　　　　ありがたいですよね。

まりこ　そうなのよ！　妊娠中は心も体もポカンとして頭脳労働がむずかしくなり、
　　　　男顔負けに効率的だった人もテキパキ動けなくなる。
　　　　でも、子を宿した動物としては自然なこと。
　　　　だから、「なにやってんだ！」と責めずに
　　　　「母性の開花だ」と温かく見守ってほしい。

有砂山　ちなみに、女の人は「伝えてもらうことを大事にする生きもの」
　　　　「話を聞いてもらうと（解決しなくても）気持ちが落ち着く生きもの」ですね。

まりこ　頑張っているのはお互いさまなんだけど、
　　　　妊娠・お産・産後は、どうしても女の人は家族の中で暮らす時間が長くなる。
　　　　そんなとき、「愛でる瞑想」(33ページ)のような無言の温かな関係が
　　　　常にあるならいいけれど、そうじゃないなら「よく頑張っているよ」と伝え、
　　　　ちょっと話を聞いてあげてほしいんです。それだけで女は穏やかになる。
　　　　ただし、お産のときだけは、別！
　　　　激変する妻の言動のパンチをひたすら受けとめてください。

「サンドバッグ」になったつもりにならないと、心身が持ちません！

有砂山　女の人が妊娠・お産・産後のとき、男の人が穏やかになれる方法は？

まりこ　女の人は妊娠すると、おなかの子どもと二人で一人になり、
お産で子どもが外に出ても、卒乳するまではやっぱり二人で一人。
「哺乳類である以上、この関係を覆すことは誰にもできない」
ということを覚えていれば、男の人は穏やかでいられるはず。

つまり、父親が、子どもに対して母親と同じ立場になる必要はないんです。

お父さんじゃなくてお母さんの抱っこじゃないと
子どもが泣きやまないときも
「敗北」や「疎外」を感じないで！
「赤ちゃんにおっぱいをあげている母を、そのまま抱きしめるような父」
のイメージでいると、母子は安心感で満たされるし、男の人も楽。
そうすると、卒乳したとき、父と母と子はバランスのいい距離でつながり、
子どもが巣立つと、父と母は自然にカップルに戻れるはず。
無理に父と母が赤ちゃんと同じ距離に立つと父母がライバルになるし、
かといって遠巻きに見ているだけだとお互いに寂しいし、
後で「父子と母」「母子と父」「家族バラバラ」の関係になったら、つらい。

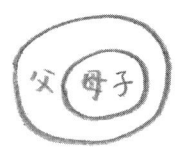

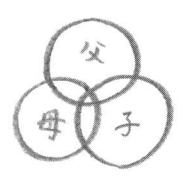

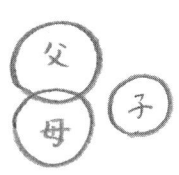

無理をしないで、包むような感じで、母子に触れてください。
妻への触れ方については、
メークラブ（60ページ、87ページ、116ページ）のページも
めくってみてください。

おわりに　私は誰だったの？

有砂山　「自分も生まれる」という感覚について、
　　　　まりこさんの書いた、短い詩のようなメッセージがあります。

　　　　　［うみのみち］
　　　　　　　かつていた　うみの中
　　　　　　　安心感と　喜びに満たされ
　　　　　　　うまれた　そのまんまの自分を抱きしめ
　　　　　　　新しい未知の　自分に出会うみち

　　　　この言葉の背景となっている、まりこさんの想いとは、なんですか？

まりこ　人は誰しも魂のテーマを持って生まれてきているはずで、
　　　　誰もそのことを否定していなかったはず。

　　　　でも、育っていくプロセスの中で、
　　　　親の価値観とか、社会で求められている役割だとか、
　　　　いろんなものが自分の中に入ってきて、
　　　　どんな人でもいつのまにか、
　　　　「本来の自分じゃない自分」も受け入れて、今に至っていると思うのね。

　　　　だけど、そこに裸の魂のままの子どもを与えられることによって、
　　　　自分が本当は誰だったのか？　ってことに気づかされていくんです。

　　　　それで結局は着込んでしまった鎧を脱ぎ捨てて
　　　　裸だった地点に戻れれば一番いいとは思うんだけど、
　　　　なかなか裸で外は歩けないでしょ？

有砂山　確かに、いつもの暮らしの中で
　　　　「素っ裸」になって生きるのはむずかしい……。

まりこ　でもね、
　　　　「いっぱい、いろんなものを着込んじゃったな」って気づくことと、
　　　　その着込んだアレコレを上手にコーディネートして
　　　　身軽になるくらいのことはしてもいい。

　　　　妊娠中に、もし、自分の心と体に向き合ったら、
　　　　お産のとき、一瞬かもしれないけれど、
　　　　自分も一度「素っ裸」になれる。
　　　　裸の魂のままの子どもを産むとき、「本来の自分」を感じられる。

　　　　そして、
　　　　そのまま「素っ裸」でいることはできなくても、
　　　　産後も自分の心と体に向き合っていれば、
　　　　裸だったときの気持ちよさや解放感を思い出しながら、
　　　　今までとは違うやり方で服を着て生きることができる。

有砂山　「私は誰だったの？」って
　　　　自分にたずねながら、
　　　　「自分も生まれる旅」をするんですね。

まりこ　そう。一度、心から「自分も生まれる旅」を味わうと、
　　　　子育てのことを考えなくていいなら、
　　　　いくつになっても何回でも旅をしたくなるんですよ！

最後に、
この本をつくることを支えてくださったすべての方々、
日頃、ご協力くださっている医療機関の方々、
この本を手にしてくださったあなた、
そして日々出会う森羅万象に、
感謝を込めて心より御礼申し上げます。
ありがとうございます。

[主な参考文献]
『新版　万病を治す冷えとり健康法』(進藤義晴、農文協、2000)
『図解　よくわかる陰陽調和料理　健康をつくる食べ方入門』(梅﨑和子、農文協、2006)
『梅﨑和子の陰陽重ね煮クッキング　からだにやさしい養生レシピ』(梅﨑和子、農文協、2002)
『自然とつながる暮らしかた　空の向こうは私のうちがわ』(景山えりか、講談社、2011)
『だっこおっぱい布おむつ　0・1・2歳のナチュラルな子育て』(クレヨンハウス、2009)
『もっと知りたい経皮毒』(真弓定夫・稲津教久、日本文芸社、2007)
『自然流育児のすすめ ―小児科医からのアドバイス』(真弓定夫、地湧社、1987)
『おむつなし育児 ―あなたにもできる赤ちゃんとのナチュラル・コミュニケーション』
　　(クリスティン・グロスロー、柏書房、2009)
『アタッチメント・ペアレンティング　赤ちゃんと絆を育む知恵と楽しみ』
　　(NPO法人自然育児友の会、2005)
『産後のからだセルフケアハンドブック (1) 産後リハビリ篇』
　　(吉岡マコ、子育て支援グループamigo、2004)

伝えた人 ● 椎野まりこ（しいの まりこ）

1964年、札幌生まれ。大阪の聖バルナバ助産婦学院卒業。東京厚生年金病院産婦人科、東京都国分寺市の矢島助産院の勤務を経て、独立。現在は東京都立川市にまんまる助産院を開業。自分の心や体と向き合うことを伝える「お産がっこう」をはじめ各種ワークショップも開催し、自ら3人の子どもを自宅出産した体験と助産師としての経験を基盤に、お産の醍醐味を伝える活動を精力的に行っている。

書いた人 ● 上原有砂山（うえはら ゆささん）

1969年、東京生まれ。東京藝術大学美術学部芸術学科卒業。2009年、まんまる助産院で子どもを産み、「気持ちよく産むこと」や「哺乳類ヒトとして生きること」について深く知りたいと思うようになり、助産師まりこさんの話を聞きながら、本を書き始める。

表紙・とびら絵／耀樹孝鷺鶯
イラスト／yusaugu

お産を楽しむ本
どこで産む人でも知っておきたい野性のみがき方

2014年3月20日　第1刷発行

　　　伝えた人　**椎野まりこ**
　　　書いた人　**上原有砂山**

発行所　一般社団法人　**農山漁村文化協会**
　　　〒107-8668　東京都港区赤坂7丁目6-1
　　　TEL　03(3585)1141（営業）　03(3585)1145（編集）
　　　FAX　03(3585)3668　　　振替　00120-3-144478
　　　URL　http://www.ruralnet.or.jp/

ISBN 978-4-540-13210-0　　　DTP製作／(株)農文協プロダクション
〈検印廃止〉　　　　　　　　　印刷・製本／凸版印刷(株)
© 椎野まりこ・上原有砂山 2014 Printed in Japan
定価はカバーに表示。乱丁・落丁本はお取り替えいたします。

この本はノンVOCインキで印刷しています。

———— 農文協・図書案内 ————

シーラおばさんの 妊娠と出産の本
シーラ・キッツィンガー著
戸田律子／きくちさかえ監訳
5,638円＋税

私らしく自然なお産のために、産む立場からの妊娠・出産百科決定版。写真、イラストも多数。

WHOの59ヶ条
お産のケア 実践ガイド
WHO作成　戸田律子訳　　1,143円＋税

1996年のWHO報告全訳と日本の実情解説。つつましい医療とあたたかいサポートが安産を保証する。

図解 よくわかる陰陽調和料理
健康をつくる食べ方入門
梅﨑和子著　　1,238円＋税

食べものの陰陽を見分けて、バランスよく食べて健康に。家庭でできるカンタン食の養生法。

みうたさんの
からだにやさしい雑穀レシピ
ごはんからおかず・スープ・おやつまで
江島雅歌著　　1,429円＋税

浸水なし！ 気軽に、手軽に楽しく使うのが、みうた流。からだに元気をくれる雑穀8種のレシピ60を紹介。

おうちでおいしい
乾物・豆・ごはんの給食レシピ
奥瑞恵著　　1,200円＋税

敬遠しがちな乾物・豆・ごはんや野菜などの食材を手軽においしく調理する65のレシピを紹介。

アレルギーっ子の入園・入学安心マニュアル
給食、体育、あそびから緊急時の対応まで
佐守友仁著　　1,238円＋税

安心・安全な集団生活にするために、入園・入学に際してすべき準備と対応策を詳述。文書例付き。

図解 脱ステロイドのアトピー治療
松田三千雄著　　1,238円＋税

副交感刺激のアイロン療法、漢方薬、「だしまじめ」でリバウンド対策、アトピー完治をめざす。

なんとかなるよ
先輩ママのアレルギーっ子育児
食事や生活管理、集団生活、おつきあいの工夫
佐藤のり子著　　1,400円＋税

重症ぶりに苦労しながらも明るく暮してきた家族の体験記。先輩ママの暮らし＆子育てヒント満載。

知っていますか？
シックスクール
化学物質の不安のない学校をつくる
近藤博一著　　1,600円＋税

どの子も発症の可能性がある。少しでもリスクを減らすために大人ができることを提案。

インフルエンザと闘うな！
ワクチン・タミフルより「ぬれマスク」
臼田篤伸著　　1,200円＋税

効かないワクチン、危険な新薬と縁を切り、免疫を高める安全・安価・安心な予防法を解説。